阿司匹林

阅读新知｜自愈生活

孙悦礼 著

张劭媛 绘

有问题的姿势

浙江科学技术出版社·杭州

版权所有　侵权必究

图书在版编目（CIP）数据

有问题的姿势 / 孙悦礼著；张勐媛绘 . — 杭州：浙江科学技术出版社，2024.1（2024.12 重印）
ISBN 978-7-5739-0974-9

Ⅰ . ①有… Ⅱ . ①孙… ②张… Ⅲ . ①人体 - 姿势 - 矫正 - 通俗读物 Ⅳ . ① G804.64

中国国家版本馆 CIP 数据核字 (2023) 第 248766 号

书　　名	有问题的姿势	
著　　者	孙悦礼	
绘　　者	张勐媛	
出　　版	浙江科学技术出版社 杭州市拱墅区环城北路 177 号　邮政编码：310006 办公室电话：0571-85176593 销售部电话：0571-85062597	
排　　版	杭州兴邦电子印务有限公司	
印　　刷	杭州捷派印务有限公司	
开　　本	880 mm×1230 mm　1/32　印　张　6.625	
字　　数	150 千字	
版　　次	2024 年 1 月第 1 版　印　次　2024 年 12 月第 2 次印刷	
书　　号	ISBN 978-7-5739-0974-9　定　价　78.00 元	

责任编辑　唐　玲　刘　雪　　**责任校对**　张　宁
责任美编　金　晖　　　　　　　**责任印务**　吕　琰
文字编辑　刘映雪

如发现印、装问题，请与承印厂联系。电话：0571-56798200

序一

月前有幸审阅书稿，获益良多。《有问题的姿势》是一本既有趣味又有内涵的科普著作。该书以中医的"筋骨动静平衡"为核心理念，不仅体现了中医骨伤学科的继承与创新成果，还充分反映了孙悦礼博士古道热肠的人文情怀。

人这一生可以做很多事情，但对于真正的事业需要更加专注和聚焦。能孜孜以求、锲而不舍，在繁忙的临床和科研工作之外，夜寂挑灯，伏案疾书，持续思考，去做一些推动中医骨伤学科发展且对人民大众健康有益的事，那就是"大医精诚"。

《有问题的姿势》一书共分三大章节，其中有基于中医整体论指导的人体筋骨动静平衡认识、不同姿势所反映的筋骨动静力失衡，也有简单实用的日常调衡锻炼方法，内容丰富、中西并茂、阐释纂详、大道至简。

凭着作者对中医筋骨动静平衡理论的执着探索和发散思考，"集众家之长，纳百家之精"，配合场景化的漫画，这本饶有趣味的"日常姿势百科全书"得以形成。

孙悦礼博士在临床和科研工作上以现代生物力学为基础，不但在治疗中可以达到"法之所施，使患者不知其苦"，更重要的是对筋骨动静平衡相关理论进行了探讨研究，为专业性治疗提供了崭新的四维空间视角和发展方向。孙博士开发多项人工智能算法，分别实现了颈腰椎 MRI 影像的自动定量、人体动作捕捉和姿势定量，以此让筋骨动静平衡变得可测且测得准，从而探索筋骨退变新规律。正如本书的中心思想所表达的，悉知姿势特点，把握传变规律，制订调衡策略。从日常姿势到动静平衡，同样需要中医"司外揣内"的思考。

中医传统外治法（手法和功法）有别于现代骨外科的手术，它是从单纯的静态结构修正，逐渐向动静态调衡快速发展的，注重天人合一的整体观和医患合作的"社会生物心理"新模式，是中华文化传承下来的医学瑰宝。

孙悦礼博士专注岐黄之术已近 20 年。道以术传，术以载道，面向公众的科普书籍的出版，是对疾病认知及防治的积极推广，亦是为健康中国事业尽的一份绵薄之力。

值此力作出版之际，余认为此乃一本日常姿势的百科书，也是一本生活方式的励志书，更是一本大道岐黄的哲学书。书中图文并茂的形式让人耳目一新，读者从中会得到"治未病"的预防思路和方法。孙悦礼博士不畏艰难，在临床科研和科普工作中持续深耕，其志可嘉。此书的出版是对传统医学的一大贡献，也是石筱山伤科学术传承的一颗灿烂明珠。

谨此数言，以飨读者，并致祝贺。

施杞

第四届国医大师

全国首批国家级非物质文化遗产"中医正骨疗法"项目代表性传承人

序二

我怀着强烈的兴趣阅读了孙悦礼博士撰写的《有问题的姿势》书稿,阅读之后有一种先睹为快的感觉,深感这是一本难得的好书。

本书作者孙悦礼博士在中西医领域耕耘十余年,是优秀的骨科医生、临床科研工作者和健康科普作者。孙博士结合自己多年的实践经验和长期向业界前辈们学习后得到的体会,以生动的笔触深入浅出地讲述人体肌肉、骨骼生物力学原理,启发读者学会在生活中注意细节、养成好习惯、照顾好自己。

这本书叙述了日常生活中常见的30种姿势,"姿势"也是全社会各类人群都非常需要关注的主题。随着科技的发展,当代人的生活、工作方式发生了巨大的变化,我们虽然不用耗费体能来打猎、种地,但维持长时间的伏案低头等姿势对我们的肌肉、骨骼带来不小的劳损。本书从人体肌群出发,根据肌群的分布和发力特征分类,并结合中医对于人体的整体观,生动讲述了不同类型肌群发力异常时身体所呈现出来的常见姿势,这样就把问题从"姿势对不对"升华到"体态好不好"的高度上来,由此清晰地勾画了对这些姿势产生深刻影响的筋骨动静平衡原理,不仅涉及生物力学的问题,而且也涉及疾病早期诊断的筛查、决策与管理问题,内涵深厚,深入浅出。

作者在撰写这本有着科学内涵的书稿时,始终秉承科学的方法、科学的思路和科学的态度,令本书体现出丰富的学术内容和严谨的科学逻辑。与此同时，本书又真诚且富有感染力地表述了一种人文关怀精神。我们在这里看到，人文精神和科学精神并行不悖、相辅相成，而能将这两者有机融合，是一个医疗工作者的必备要素。

本书虽然讲述了许多解剖结构，但是并不艰深难读，也不令人感到枯燥乏味。我打开这本书，浏览了开头的几个章节后，就禁不住被它深深吸引，很想一口气读下去。我想，这一方面得益于有趣的漫画场景引入，生动形象的肌肉、骨骼解剖图和细致清晰的运动示意图，这些图片与文字内容的结合并不仅仅停留在书本上，它们来自生活，又高于生活；另一方面，得益于孙博士的文字素养，他能够用生动、简练的笔触在清晰交代科普知识的同时，融入自己的所思、所想，使内容有血、有肉，也使文字具备了一种隽永的风格。这些都使读者的阅读过程成了一种愉快的体验。

我在脊柱外科领域学习和工作了多年，看过不少有关体态的书籍。我要说，这本书是非常独特的一本。我们读这本书时，不仅可以参照它来纠正自身的不良体态，还能感受到人类在进化历程中存在的不完美。这本图文并茂的科普书每一章读起来都很轻松，汇章成册后又干货满满。无论是闲暇时翻阅，还是按图索骥，都能有所裨益。

上海长征医院骨科副主任、颈椎外科病区主任
中国医师协会骨科医师分会颈椎专业委员会副组长
中国康复医学会脊柱脊髓专业委员会科普学组组长
入选上海市首届健康科普引领人才能力提升专项

目录

第 1 章
重新认识我们的身体

01 后侧肌群是我们背后的盔甲	002
02 腹侧肌群是我们身前的挡板	006
03 两侧肌群是环绕全身的松紧带	011
04 核心肌群是我们身体中间的避震弹簧	015
05 坐得越久，怎么越不会走路了	018
06 "坏姿势"真的更舒服吗	021

第 2 章
了解我们的姿势

PART 1　坐

01 总是盘腿坐	027
科学锻炼法：拉伸缝匠肌	031
02 可爱鸭子坐	032
科学锻炼法：抵消鸭子坐的不良影响	036
03 双腿交叉坐	037
科学锻炼法：缓解下肢疲劳	040
04 趴着睡午觉	041
科学锻炼法：缓解颈肩背肌肉疲劳	045

8 / 有问题的姿势

如果你不幸"躺枪"书中写到的某几个姿势，不要紧张。**我们可以化被动为主动——既然被动纠正姿势很难坚持，那我们就从主动改善肌肉发力开始。**

接下来，你会发现，当我们有侧重地做完一些锻炼后，肌肉学会了正确发力，体态就在不经意间改善了，那些舒适的"坏姿势"也将变得不再舒适了。

让我们一起，尽早跳出"坏姿势"的舒适圈吧！

身体就需要不停地变换姿势来让这部分肌群获得暂时性的放松。但这是以给局部肌群增加负担为代价的，不良姿势也就由此而来。

所以我们要认识到，不良体态造成了局部肌肉过度负荷，肌肉疲劳又促使姿势歪斜，姿势歪斜过久又会强化不良体态……这其实是一种恶性循环的关系。

这里用两个具体的例子来说明。

一个是"葛优瘫"，这是大家放松时经常会摆出的姿势。当我们腰部肌肉力量不足、形成骨盆前倾的体态时，如果遇到一把有靠背的椅子，就很容易摆出"葛优瘫"的姿势来。没错，借助座椅靠背，可以暂时在腰部肌肉不用发力的情况下维持坐姿，让身体感到"舒适放松"。可"瘫"的时间久了，腰背部后侧的肌肉过度牵拉，就很容易造成肌筋膜炎，引起反复的腰痛。而腰痛的人再坐椅子，会更加依赖靠背，从而更加习惯于"葛优瘫"这个姿势……

还有一个是伏案低头的姿势。我们以屈曲的姿势出生，后背部的肌肉就像盔甲一样保护着娇嫩脆弱的胸腹部，所以每当我们专注于工作或学习的时候，身体感受到压力，就会下意识做出屈曲的"战斗姿态"，也就是伏案低头。注意力集中时，时间仿佛过得很快，这种姿势也就特别容易维持过久。对于更喜欢后伸放松的脊柱来说，它在持续前屈压缩后，会对每个椎间盘产生过度的压力，造成椎间盘退变加速，引起脊柱曲度变化。一旦驼背伸颈的体态形成，那我们一坐到书桌前就可以"无缝衔接"到伏案低头的姿势了……

社会节奏加快，年轻人坐在办公桌前的时间越来越久，圆肩、驼背等体态问题也都或多或少地出现了。身体为了缓解随之而来的肌肉疲劳，也就将不良姿势变为了习惯。

前言　我们一起跳出"坏姿势"的舒适圈 >>>

伏案时间久了，肩膀会逐渐蜷到前面；

低头次数多了，后背就逐渐弓了起来；

二郎腿跷多了，两条腿开始一长一短；

成天单肩背包，肩膀也变得一高一低……

不好的姿势会导致难看的体态，这似乎已是大家约定俗成的常识。日常姿势的正确与否，时常令大家感到焦虑。但在现实生活中，时刻保持"坐如钟，站如松"的正确姿势却是知易行难。

而我下面讲述的内容，可能会打破你以往的认知。

实际上，姿势孰优孰劣，并没有标准答案。那些让我们感到舒适且下意识做出的"错误"姿势，往往只是肌肉难以支撑身体而做出的无奈妥协。

想弄明白这个道理，我们首先要了解肌肉、体态与姿势的关系。

举个例子，我们在维持"站如松"的姿势时，需要身体后侧的足跟腱、腘绳肌、胸腰筋膜和竖脊肌等耐力型肌纤维共同发力。它们只有足够健康有力，才能通过缓慢收缩为身体提供足够的支撑，使我们长久维持挺拔的姿势。

但问题在于，很多人日常都处于舒适的工作和生活环境中，疏于锻炼，还没学会如何用好这些肌肉维持正确的姿势和体态，就开始久坐、久站长达八九个小时。这种情况下，有的肌群会疲劳僵硬，那么

05 坐车打瞌睡 046
　　科学锻炼法：增加颈椎稳定性 050
06 蜷腿骑单车 051
　　科学锻炼法：增强腿部肌肉力量 054

PART 2　行

07 直腿下楼梯 056
　　科学锻炼法：增强股四头肌力量 059
08 稍息放松站 060
　　科学锻炼法：臀肌加强训练 064
09 单肩背书包 065
　　科学锻炼法：矫正上半身歪斜 069
10 踩高跟走路 071
　　科学锻炼法：背侧肌群拉伸放松 075
11 走路看手机 077
　　养护身体 TIPS：放松眼睛的方法 080
　　科学锻炼法："眼 - 颈"保健操 081
12 重物挂胸前 082
　　科学锻炼法：核心力量训练 086

PART 3　小习惯

13 单手托腮帮 088
　　科学锻炼法：矫正高低肩 091
14 大力擤鼻涕 092
　　养护身体 TIPS：科学擤鼻涕法 095
15 单边嚼东西 096
　　科学锻炼法：纠正颞下颌关节紊乱 099

目　录 / 9

16 毛巾横着拧	101
科学锻炼法：缓解"网球肘"	105
17 脖子大回环	106
科学锻炼法：放松颈部小肌肉	110
18 用力敲键盘	111
科学锻炼法：放松手腕训练	114
19 握笔太用力	116
养护身体 TIPS：正确的握笔姿势	120
20 经常侧卧睡	121
养护身体 TIPS：正确的侧睡方式	124
21 歪头斜眼看	125
科学锻炼法：双眼协调训练	128
22 抬臂擦玻璃	129
科学锻炼法：手指爬墙操	133

PART 4　玩

23 拇指划手机	136
科学锻炼法：缓解拇指关节酸胀	139
24 趴着玩手机	140
科学锻炼法：猫式拉伸	143

PART 5　矫枉过正

25 健步养生党	146
科学锻炼法：缓解足底疼痛	150
26 跑步姿势党	151
科学锻炼法：送髋训练	155

27 运动防护党	156
科学锻炼法：踝关节平衡性训练	160
28 排便困难党	161
养护身体 TIPS：轻松"蹲马桶"的方法	164
29 挑战姿势党	165
科学锻炼法：强化脊柱两侧小肌肉	168
30 土法健身党	170
科学锻炼法：颈椎拉伸法	173

第3章
改变我们的体态

PART 1　颈肩腰保护计划1（站立版）	176
PART 2　颈肩腰保护计划2（坐姿版）	184

后　记　　　　　　　　　　　　　　　191

第 1 章

重新认识
我们的身体

01 后侧肌群
是我们背后的盔甲 >>>

先做个简单有趣的小测试。

首先做站立体前屈，膝关节伸直，尽力用手指去摸脚趾。记下手指能触碰到的位置，留心脊柱两侧的感觉。然后回到正常站姿，脚底板下踩一个网球，缓慢而有力地按压滚动 2 分钟。两脚都完成按压滚动网球后，再做一次站立体前屈，体会有哪些不同。大多数人都会惊讶地发现，身体往下的幅度更大了，腰背两侧也没那么紧绷了。

其实，我们身体的肌肉并不是各自为战的，它们会组成协同的小分队。比如后侧肌群，就是一支从脚底到头顶、首尾相连、纵贯身体的肌群小分队，也是我们背后的盔甲。

婴儿呱呱坠地的时候，身体呈屈曲的姿势，然后"三抬四翻六会坐"（3 个月会抬头，4 个月会翻身，6 个月能坐起来），等到 7 个月的时候能彻底坐稳，1 周岁的时候可以站立走路。这个过程就反映出了后侧肌群的发展。

后侧肌群是维持站直、坐直姿势的主要力线，其缓慢收缩可以产生支撑力，维持身体的直立状态，限制身体向前屈曲。

我们可以把身体想象为一个提线木偶，肌肉、韧带就是木偶的操纵线，当这些"线"的弹性、长短不一致时，我们虽然可以通过刻意拉拽它们来勉强维持姿势，但这种发力方式是不长久的。

我们的后侧肌群产生支撑力

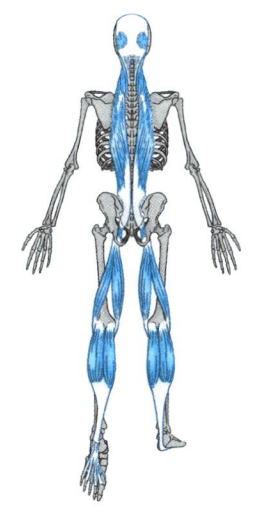

连接脚趾到脚跟的足底筋膜、脚跟到膝盖的跟腱、髋部到膝盖的腘绳肌、胸廓到髋部的胸腰筋膜,以及整个脊柱的竖脊肌等,都在一条力线上,而且都是耐力型肌纤维。它们互相配合,通过缓慢收缩产生支撑力,让我们可以维持站直、坐直的姿势。

成长过程伴随身体后侧肌群的发展

 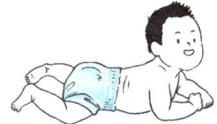  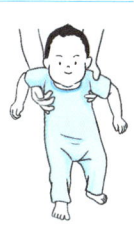

刚出生时　　3个月时　　6个月时　　1周岁时

婴儿缓慢又波折的生长历程伴随着身体后侧肌群在力量和平衡能力上的均衡发展。通过背部、腹部、臀部、膝盖和脚的肌群、韧带群协调发力,婴儿在每个阶段都能保持身体稳定,最终在一年时间里学会直立。

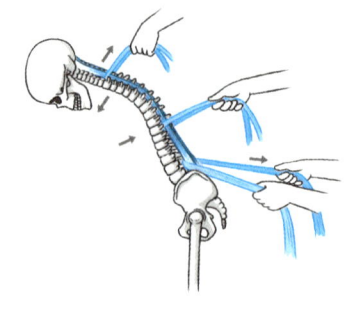 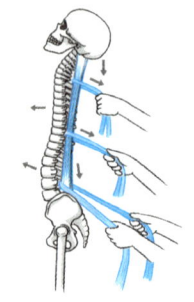

后侧肌群支撑力不足时，伏案低头　　后侧肌群支撑力足时，腰背挺直

所以，如果后侧肌群支撑力不足，我们就会下意识地做出东倒西歪的姿势，比如伏案低头、盘腿坐、弓着背睡觉，等等。体态正常的人很难维持这些姿势，而体态有一些小问题的人却能自然而然地做到这些姿势并维持很长时间。

如果这些姿势是你常常在做的，那么你的体态可能已经在不经意间出现了问题。因为维持姿势的这些精密的小肌肉一般不能承受长时间、大负荷的工作，当它们被迫持续发力时，容易出现疲劳性的挛缩，身体也就维持不住姿势了。

为了让身体在任何状态下都能保持挺拔状态，我们需要对后侧肌群进行拉伸。对后侧肌群的拉伸并非针对某块肌肉的拉伸，而是对整体的伸展，这些拉伸动作大多来自瑜伽体式，需要配合呼吸，循序渐进。拉伸既可以伸展整个后侧肌群，也能有针对性地加强局部关节的稳定性。

推荐 3 个很全面的拉伸动作：坐姿前屈、站立前屈和下犬式。由易到难，大家可以选择自己刚好可以做到的拉伸动作，每天坚持。如果每个动作都很难完成的话，那么可以趴在大瑜伽球上慢慢滚动，这也是个放松后侧肌群的好办法。

后侧肌群拉伸

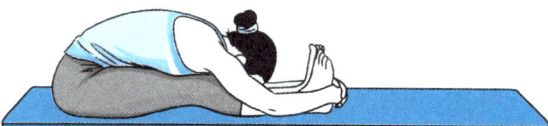

坐姿前屈

站立前屈

下犬式

02 腹侧肌群
是我们身前的挡板 >>>

再请大家做个有趣的小测试。

首先请将双手轻轻放在头后侧,大拇指轻轻搭在颈后两侧发际线的位置。然后上下左右灵活转动双眼,感受一下大拇指下颈后肌群的反应。大多数人会意外地发现,眼睛在动的时候,脖子上的小肌肉也会跟着动。

其实,我们身体背侧和腹侧的两组肌肉一直在不停角力,亦敌亦友。

四足动物随时可以趴下身体来保护自己,人类却演化出了让自己处于险境的站立方式,把身体最敏感、最脆弱的正面暴露在了前方。娇嫩的咽喉、柔软的胸腹和敏感的裆部,任何一个都受不得重创。为了应对前方可能到来的危险,多由快肌纤维组成的身体腹侧肌群时刻处于防御状态,一旦感受到危险,就瞬间做出反应,迅速有力地屈曲,让身体呈现含胸抱膝的姿态。

即使没有看得见的危险,持续工作带来的紧张焦虑的情绪也会让腹侧肌群不由自主地发生不同程度的挛缩,让我们产生膝盖伸不直、髋部僵硬或者含胸驼背等姿势性躯干屈曲的体态。在工作压力和异常体态的双重作用下,我们会不由自主地长时间维持伏案低头的姿势。

如果说同侧的肌肉都在互相配合,那么对侧的肌肉就在互相角力。

我们的腹侧肌群
时刻处于防御状态

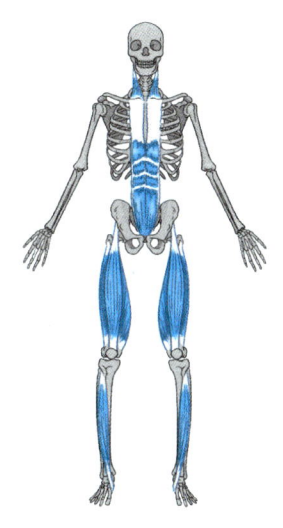

腹侧肌群包括小腿前侧各种控制脚背、脚趾的小肌肉，髌骨前侧的髌下韧带，大腿前侧的股直肌和股四头肌，时常显现出"马甲线"的腹直肌，咽喉到胸口的胸锁乳突肌和胸肋筋膜等。比起细长的背侧肌群，腹侧肌群比较粗壮，从体表就能看到肌肉轮廓。

同侧的肌肉互相配合，对侧的肌肉互相角力

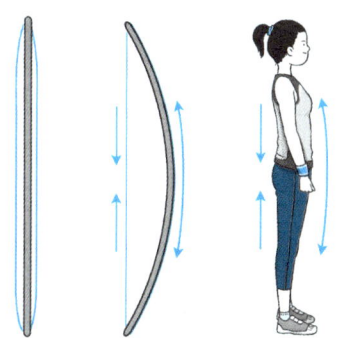

设想一根竹竿，两侧被两根橡皮筋牵拉，如果一侧的橡皮筋收缩过度，竹竿就会弯曲，并牵拉到另一侧的橡皮筋。

身体背侧肌群把人从爬着的状态慢慢拉拽成直立姿态，如果不加以限制，人就会被继续拉拽至往后倒，而腹侧肌群就起到了很重要的制约作用。

当背侧肌群过度收缩的时候，身体逐渐向后仰，腹侧肌群就会感受到张力，同时通过快速收缩来调节身体的前后平衡，从而起到维持姿势的作用。

正常体态下，背侧肌群从两侧向中间牵拉，而腹侧肌群从中间向两侧牵拉。前后、左右、上下互相制约，形成动态平衡之势。然而，大多数人的体态或多或少都不那么挺拔，在含胸驼背的状态下，腹直肌非但不会向上提拉髋部，反而还会向下拉拽胸腔，使得含胸更明显，甚至限制呼吸。拉力顺着胸骨传到胸锁乳突肌，继而引起头部下拉、颈部前伸，进一步加重异常体态。

因为身体背侧肌群耐力较好，腹侧肌群力量较大，所以身体即使处于含胸驼背的姿态，也并不会有多么不适。就算把包背在胸前、蜷腿骑单车，人们也会感觉很自然。但如果要求这种体态的人做出端正挺拔的站姿、坐姿的话，他们就会因为身体背侧肌群收缩力不足、腹侧肌群张力过大而感觉到吃力和不适。

另外，值得注意的是，腹侧肌群过度紧张不光源自含胸驼背的体态，平时歪头斜眼看东西、边走路边看手机、用单侧牙齿嚼东西等习惯，都会让我们的腹侧肌群收到过度负荷的信号，牵一发而动全身，引起整个身体呈自我保护状态，进而出现头前倾、姿势性躯干屈曲、膝关节僵硬等表现。

为了让身体腹侧的"警报器"变得敏锐又准确，平时应该对它们进行充分拉伸。让身体充分后弓、让腿前部充分拉伸、放松眼睛和嘴巴，这些都有助于缓解腹侧肌群紧张。

推荐 3 个动作：缓解腹部到脚趾之间张力的"眼镜蛇式"、缓解髋部到膝关节之间前侧张力的"挺胸式"、缓解上半身张力的"桥式"。

做这些动作时，需要做好保护和支撑，适可而止。

因为身体腹侧肌群张力较大，背侧肌群拉力较小，如果为了追求腹侧肌群的充分伸展而强行收缩背侧肌群，很容易造成肌肉抽筋或者拉伤，所以一定要注意姿势正确、拉伸适度。

腹侧肌群拉伸

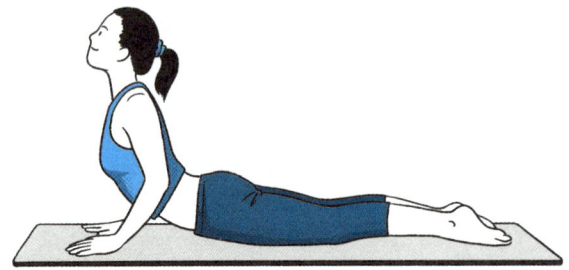

眼镜蛇式

挺胸式

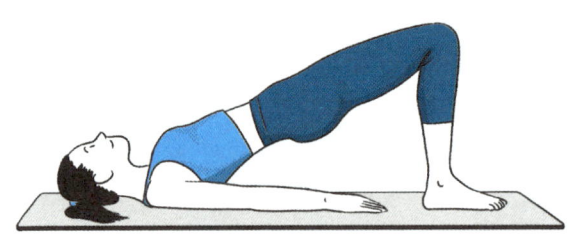

桥式

03 两侧肌群
是环绕全身的松紧带 >>>

先来做个小测试,这次我们需要另一个人或者一面镜子的帮助。

双手握住单杠,手臂伸直,让自己悬吊起来。通过镜子自我观察或者让同伴帮你观察身体哪些部位出现了歪斜。再闭上眼睛,仔细感受身体哪些部位在明显发力。

我们的身体或多或少都会出现左右前后不对称的问题,而在单纯对抗重力的悬吊状态下,这种不对称会变得更加明显。比较常见的就是身体中线略微向左侧或右侧偏斜。

如果肩膀一高一低,那就表示颈部两侧肌肉松紧不一。

如果髋部一高一低,那就表示腰部两侧肌肉松紧不一。

如果脚底一高一低,那就表示两腿外侧肌肉松紧不一。

身体侧面的肌群互相交织,一路从脚踝延伸到耳朵,就像打包行李时用到的透明胶带一样,穿梭在背侧肌群、腹侧肌群、核心肌群之间,以协调的方式来固定躯干和下肢,防止上半身活动对全身姿态维持带来过大的影响。

当两侧肌群长期处于单侧发力的状态,比如我们单肩背包、单手操作鼠标或歪头看电脑时,两侧肌群就会出现发力不对称的情况,一侧会失去约束能力,使得身体产生左右前后的歪斜。体侧失衡的常见异常体态包括:膝关节外翻或内翻(O形腿或X形腿)、骨盆倾斜、高低肩、脊柱侧弯、脸部下颌不对称等。

我们的两侧肌群

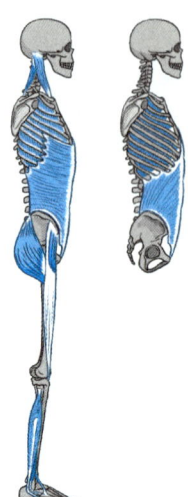

足底筋膜外侧束,大腿外侧的髂胫束,腰部两侧的腹外、腹内斜肌和颈部两侧的胸锁乳突肌都属于身体两侧肌群。它们大多由肌腱组织构成,形态较薄但质地强韧。

和以慢肌纤维为主的背侧肌群以及以快肌纤维为主的腹侧肌群不同,两侧肌群的肌腱组织在身体两侧主要担当杠杆的角色,可以在各种活动状态中调节身体的左右平衡。

"不对称"的两侧肌群

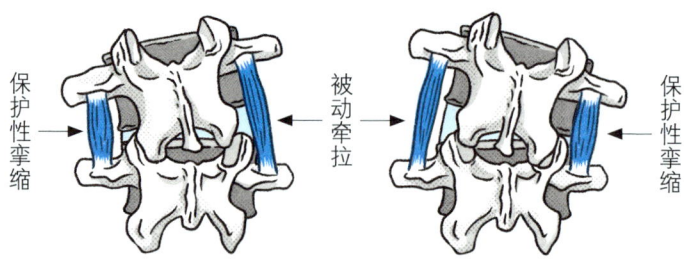

保护性挛缩　←　被动牵拉　→　保护性挛缩

当我们吊在单杠上时,我们的大脑并不知道身体有没有对称,两侧肌肉根据所对抗的重力的不同,自发地调节伸展和收缩,最终定格在自以为发力均等的状态。

两侧肌群对鱼类来说至关重要，毕竟它们游泳时都要通过两侧肌肉的交替伸缩来摆动身体。当一侧肌肉收缩时，另一侧肌肉就会被动牵拉，脊髓的牵张反射会使被拉伸的肌肉发生自主收缩，以此类推，两侧肌群就会交替收缩、伸展。这种左右摆动的活动不需要大脑控制，鱼类光靠脊髓的运动调控反射就能进行协调性游动。

　　但随着人类的进化，位于我们身体两侧的控制脊柱侧屈的肌肉已经变得很少，所以人类的两侧肌群也不会像鱼类那么敏感。人类将敏锐感觉左右平衡的功能集中在了体侧肌群的最上面——两侧耳朵。耳朵不光可以听到声音，也能判断位置，其内部复杂精密的感受器可以分辨各种震动、重力、加速运动。与此同时，我们的两侧肌群对震动的感觉就没有那么敏锐了。

　　人在走路时如果出现左右过度摆动，就说明两侧肌群已经在勉强维持身体姿势了。我们常常看到老年人和学步婴儿左右摆动的蹒跚步态，这是由于他们腰部和髋部两侧肌肉调整重心的能力不足，需要通过头部摆动来平衡身体。

　　如果走路时左右摆动的幅度无法控制地越来越大，肩膀、髋部一高一低，那就表示两侧肌群已经开始失衡了。有这种体态的人常做出单侧肩膀背双肩包、下意识单手托腮、站着做稍息的姿势，这些姿势虽然左右不对称，可对于两侧肌群有问题的人来说，恰好是"扬长避短"的舒适姿势。可这样久而久之，强者更强，弱者更弱，身体左右的歪斜会变得越来越严重。

　　如果你发现自己已经习惯于一侧发力，也通过镜子发现了身体存在明显的左右不对称的情况，那一定要进行专业的体格检查和影像诊断，先系统评定肌肉、骨骼结构偏斜的程度，然后再有针对性地调节体态，对缩短的一侧肌群进行拉伸，并对被动牵拉的一侧肌群进行强化训练。

以髋部左侧高、右侧低为例，这种情况主要是由左侧肌群拉伸过度、右侧肌群力量不足造成的。我们可以采用"门式"动作来伸展两侧肌群。

两侧肌群拉伸与强化训练

以髋部左侧高、右侧低为例，有侧重地进行拉伸和强化，有助于调节两侧肌群的稳定协调能力。

充分伸展左侧胸腰部肌群

强化右侧胸腰部肌群

04 核心肌群
是我们身体中间的避震弹簧 >>>

这一次的小测试很简单。

站立并收腹，先把双手放在腹部两侧，缓慢走上几步，然后把双手放在腰后两侧，也缓慢走上几步。你发现了什么呢？随着两腿往前迈步，腹、腰部都有小肌肉在收缩，仿佛在呼应发力。

这些同时在发力的小肌肉就是核心肌群的一部分。核心肌群并不单单是这些，它由许多大小不同、功能相异的肌肉组成，这些肌肉环绕在腹腔、脊柱周围，大致被分为两种类型：

第一类是纵向分布的肌群。它们比较细长，贯穿于脊柱上下，把胸廓和骨盆连接起来，可稳定全身。比如腹直肌、竖脊肌、腰大肌，它们可以让上下半身在活动中更加协调。

第二类是横向分布的肌群。它们比较粗短，围绕在脊柱周围，把脊柱和腰腹连接起来，可稳定局部。比如腹横肌、横膈、多裂肌，它们可以直接分担脊柱受到的压力。

回想一下，平时你在发力的时候，是不是会习惯性地憋气？核心肌群包围着整个腹腔部，所形成的腹内压就是我们对抗外界力量的基础。举个例子，将充满气的篮球和足球砸到地上，篮球可以反弹得更高，那是因为篮球的皮更硬，内部压力提供的弹性也更大。当我们核心肌群的力量足够强大时，也会产生更大的腹内压来对抗活动中身体受到的外力。所以只有核心肌群的力量足够强大，我们的体态才不会

我们的核心肌群

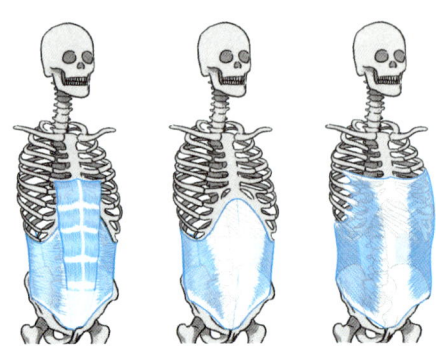

环绕在腹腔、脊柱周围的两种类型的肌肉组合起来,形成一个包围住腹部的圆球,这些肌肉互相分工,统称为核心肌群。核心肌群的力量由其中最弱的肌肉决定,所以单纯练腹肌的话,即使马甲线、人鱼线都出来了,也并不一定就能增强核心肌群力量。

太过变形,活动时也更加协调。

生长发育中的小孩,只要吃点儿东西,小肚子就会鼓起来,这是因为他们的核心肌群还没有发育完善,腹内压不足。他们也很难长时间保持端坐姿势,如果要专注地玩玩具,他们都习惯一屁股坐在地上,两腿趴开,像鸭子一样。尽管这样的姿势很扭曲,但却让核心肌群未发育完善的身体更加坐得住。

加强核心肌群力量其实并没有想象中那么困难。核心训练是一种功能性的训练,它的主要目的是增加躯干的稳定性。平时多走走路,其实就在锻炼核心肌群。在身体前后左右活动,背侧、腹侧和两侧肌群不断伸缩调整的过程中,核心肌群已经在不经意间得到了锻炼。

但如果想要更准确地训练核心肌群,就需要做稳定性训练。平板支撑是最常见也最有用的一种核心训练方法,每次只要保持 1 分钟即可,注意腰部不下掉,肩膀不耸起。

如果平板支撑 1 分钟对你来说已经很轻松了,那这时可以增加一些其他动作,例如四足跪姿训练。每侧保持 30 秒,有助于保持脊柱平衡,同样也在有针对性地加强核心肌群力量。

随着核心肌群力量加强,你会发现其他肌肉的拉伸和加强训练也会变得更加容易。

核心肌群训练

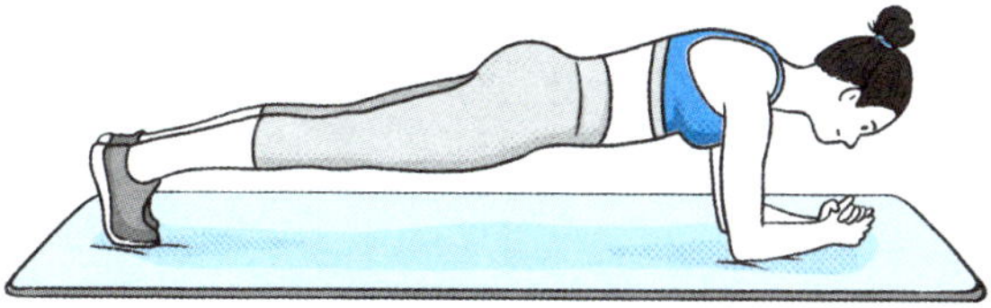

平板支撑训练

四足跪姿训练

05 坐得越久，怎么越不会走路了 >>>

记得有一次，我在电脑前忙碌了一整天，从早上7点到晚上8点，除了起身吃饭、上厕所，真就坐了一整天。后来我实在是坐不住了，就换了身衣服，想出去跑跑步放空下。

结果我才跑了3千米左右，就觉得腰部很紧，两腿像灌了铅一样。这是年纪轻轻的我从未有过的感觉——那种隐隐约约的不协调感，仿佛身体不属于自己了一样。我给自己做了个简单的跑姿分析，结果居然发现——我的上半身不会跑步了！

跑步不就靠下半身吗？和上半身有啥关系？

正常情况下，跑步时上半身是有个往前倾斜的角度的。只有上半身前倾了，下半身才能跟着重心送出最合适的一步，这就是我们常提到的"送髋"。可是当我们久坐后，上半身僵硬，身体就会抗拒跑步，从而下意识地控制上半身略微后仰。这时想再跑起来，就真的只能硬靠抬腿迈步了。以这样的姿势，没跑几步腰部的负荷就会很大。

上半身前倾的正确跑姿与上半身后仰的错误跑姿

有时我们坐久了，站起来走两步时也会有这种"上半身不是自己的了"的感觉。这都是因为坐姿引起了体态变化，身体不再适合正常走路、奔跑的发力模式了。

仔细观察我们身边的小孩，他们在挖沙、堆城堡、在地上玩玩具时，大多不喜欢坐着，而是喜欢蹲着。这当然不是因为他们知道久坐不好，而是灵活的脊柱让他们在蹲着时感到更舒服。这个姿势如果让我们成年人来做，恐怕我们没过多久腰就会很难受了。

有研究发现，我们人类与生俱来的脊柱曲度其实是 J 形的。但随着我们背上书包去上学，在课堂上一坐就是几小时，回家后也是坐着，久而久之，为了适应现代人的生活，脊柱结构就从原本适用于原始社会打猎耕作生活的灵活 J 形逐渐变成了稳定的 S 形。然而，这两种脊柱的受力是不同的，后面会讲到这一点。

这让我想起一位生物进化学家的名言：**无论什么时期所产生的进化，都只适应于进化当时所经历的环境。它并不适用于如今我们所创造的现代环境。**

"欲戴皇冠，必承其重。"进化的目的是让我们生存，而不是让我们舒适地生活。

J形脊柱和S形脊柱的受力

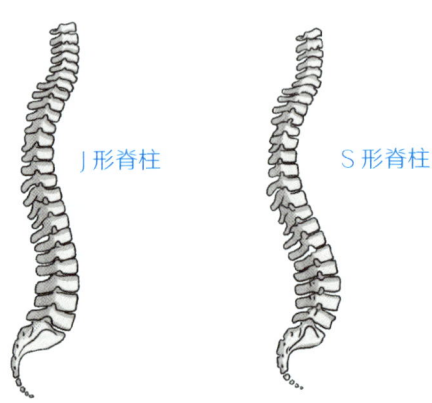

J形脊柱　　　　S形脊柱

灵活的J形脊柱在受力时，会把整个胸段脊柱收紧，让颈、腰都往前拱出一些，以便获得更好的弹性来承受外部的压力。

而稳定的S形脊柱原本就已经处在承受最大外力的结构曲度上了，即使受力继续增加，它也不再有余力继续应对。如果不及时帮它减压，后果就会比较严重，例如发生椎间盘突出、脊柱曲度变直、椎管狭窄等。

06 "坏姿势"真的更舒服吗 >>>

有一个很好玩的小测试。

手臂自然抬起，手心朝下，然后让手臂保持不动，手心朝上，感受前臂肌群轻微的扭转。保持 10 秒左右，你会觉得手臂的上方有点儿酸胀、不舒服。此时，如果用手去揉捏手臂上酸胀的肌肉，一会儿你就会觉得酸麻刺痛感好像消失了；可一旦停止揉捏，酸麻刺痛感就又出现了。慢慢把手臂转回正常的位置，过 10 秒左右，这种酸麻刺痛感就会不见踪影了。

这就是我们身体里无数块类似肌肉的缩影。肌肉就像皮筋一样，当肌纤维持续被拉长，以致出现微小的损伤时，我们就会感觉到酸麻刺痛。

想象身体是一艘帆船，这艘帆船为了保持航向，船体、桅杆和缆绳都要各司其职，保持最佳的角度，这样才能既省力，又长时间地乘风破浪。

帆船在大海上航行时难免会有损伤——船身晃了、桅杆歪了、缆绳松了……平时保养不够会导致帆船越来越歪，可这也难不倒经验丰富的老船长。即使是一叶扁舟，只要随时调节风帆角度，一样可以跌跌撞撞地穿梭于惊涛骇浪。

这就相当于我们随着年龄的增长，骨头里的胶原蛋白不断流失，身体这艘帆船的船身和桅杆越来越脆弱，就像枯树枝一样容易折断。

我们的身体就像一艘帆船

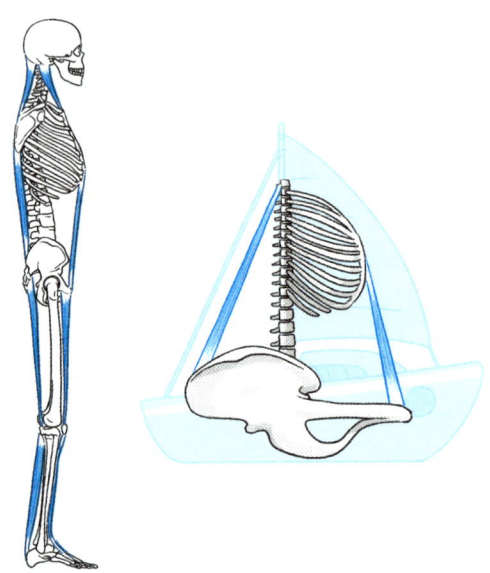

木头、水泥做成的骨头和硅胶、橡胶做成的软骨共同组成静力平衡系统的船体和桅杆。橡皮筋、弹簧做成的肌肉、韧带在保鲜膜、塑料袋做成的筋膜的包裹下形成动力平衡系统的缆绳。

肌肉这根缆绳逐渐萎缩,弹性也会越来越差。为了在日常受力中不受伤,人的体形会发生变化,体态会向身体核心部位聚拢,以保证身体以安全且省力的方式进行各种日常活动。

虽然这些姿势让本就力量不足的肌肉更省力了,但所有的负担都由同样不太强壮的骨头和关节来承受了。这样一来,就可能引起骨质增生、椎间盘突出、关节退化等更严重的问题。最终，身体这艘帆船会逐渐"报废"。

现代环境看似安逸舒适，实则危机四伏！

坐在有靠背的椅子上时，我们总是下意识地往后靠着坐。等坐回没有靠背的凳子上时，身体已经不会维持端正的坐姿了，就很容易做出弓背往前倾的"坏姿势"。

如果我们刻意纠正这些姿势，往往会感觉很难受，坚持不了多久就又不自觉地变回去了。那么此时，我们不如先从学会维持挺拔的站姿开始。

让我们试着站直，吸一口气，然后两腿完全并拢，脚跟尽量靠在一起，向内发力。这时，我们会感到屁股两边各有一块肌肉在发力，这其实是臀大肌被调动了起来，它们帮着腰背部肌肉一起支撑上半身，以维持挺拔的站姿。

同时，你也会发现，"好姿势"也可以很舒服。

究竟什么是"好姿势"？什么是"坏姿势"？我整理了 30 种平时很常见的案例来一一分析。

到底是这些姿势引起了腰酸背痛，还是腰酸背痛引出了这些姿势？看完后面的内容，相信你就会有答案。

第 2 章
了　解
我们的姿势

PART 1

坐

01 总是盘腿坐 >>>

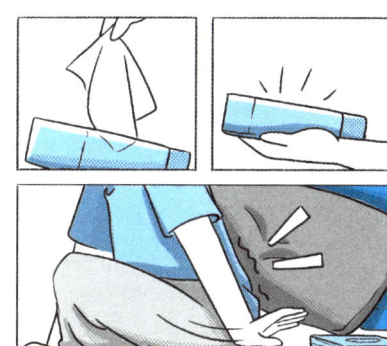

为什么我们不能舒服地盘腿坐很久

每到周末,我们总是和舒服的床难舍难分,即使想做点儿事,也想盘腿坐在床上进行。可坐了没多久,两腿就发酸、发麻,腰甚至还疼起来了。为什么有人盘腿打坐、练瑜伽很长时间都没事,我偶尔盘着腿坐一会儿就不舒服了呢?

其实问题出在骨盆上。

为了维持站立姿势的稳定,人类的骨盆进化得很大,但四平八稳的代价是失去了灵活性。加上日常生活中我们总是坐在椅子上,久而久之,髋关节的灵活性就越来越弱,即使我们想要盘个腿,都要加上驼背和弯腰才能完成。

说起盘腿的姿势,动物界有一位天赋型选手——大熊猫。别看大熊猫腿短,它们盘起腿可比我们轻松多了。它们小巧的骨盆可以让两侧的髋关节获得充分的活动范围,不管是爬树打滚,还是盘腿卖萌,它们都能轻而易举地做到。

在盘腿天赋上,我们人类比不上大熊猫,于是我们只能依靠身体前倾来"耍赖"——就是腰椎协助骨盆一起完成盘腿动作。这样时间久了,我们会因为腰背肌肉过于紧张而感到腰酸。也有些狠人会把两侧膝盖用力压到底,让脚底板朝天,这样可以盘腿坐更久。但等站起来时,他们会短暂地站不稳,这是因为髋关节的活动超出了正常的活动范围,使得周围的肌肉、韧带被过度拉伸,骨盆稳定性受到了影响。所以喜欢盘腿打坐的中老年人一定要当心跌倒的风险啊!

骨盆的大小影响髋关节的活动范围

大熊猫的骨盆相对于腰椎显得很小

大熊猫身长腿短，相对于腰椎，它们的骨盆很小，这使得它们两侧的髋关节拥有充分的活动范围。

人类的骨盆相对于腰椎要大很多

人类为了维持直立活动，骨盆相对于腰椎来说大得多，髋关节的活动范围远不如大熊猫。同样是盘腿坐，我们就需要腰椎的协助。

想要愉快地盘腿坐,需要打开我们的髋关节

如果我们想要轻松愉快地盘腿坐,那么可以在屁股下垫个薄薄的坐垫,使髋关节略高于膝关节。另外,我们还需要对髋关节周围的肌肉、韧带进行拉伸,这样我们才能在稳定的状态下,充分地打开髋关节。

日常坐姿下,由于髋关节的活动度不是很大,久而久之,大腿后侧和内侧的肌肉就会通过增大张力、缩短长度来维持姿势,以防受伤。此时我们如果要盘腿坐,髋关节活动度会突然增大,这些肌肉就无法提供足够的弹性了,本就不灵活的髋关节也就更加僵硬了。

过去的裁缝师傅常常盘着腿缝衣服,他们大腿内侧的肌肉特别发达,可以帮助腿部充分打开髋关节,这使得他们可以盘腿工作很久。由此,这两块肌肉甚至就直接以"缝匠肌"命名了。所以,我们在盘腿之前,也可以对大腿内侧的这两块肌肉稍微做个拉伸,这样我们会坐得更轻松一些。不过我还是不建议大家盘腿坐太长时间,毕竟这个姿势不适合我们的身体结构,也不符合我们的体态特点。

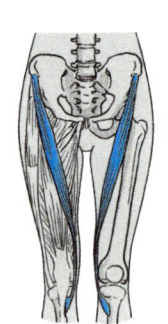

大腿内侧的缝匠肌

就算你已经习惯盘腿坐,也最好不要保持这个姿势太久。本该处于稳定状态的髋关节变得过于灵活,并不见得是什么好事。

科学锻炼法:拉伸缝匠肌

方法1

1. 在身体前方放一把座椅,前脚踩于椅上,后脚支撑地面,脚尖朝前。
2. 保持支撑侧膝盖完全伸直,髋关节略向内旋转。
3. 臀部发力,轻轻向前压,直到感到微微的拉伸感。

方法2

1. 平躺状态下,一条腿伸直,另一条腿像踢毽子一样屈髋、屈膝、外旋。
2. 将弹力带一侧固定于支撑侧脚下,另一侧固定于抬起侧脚上。
3. 缓慢拉动弹力带,做抗阻训练。

02 可爱鸭子坐 >>>

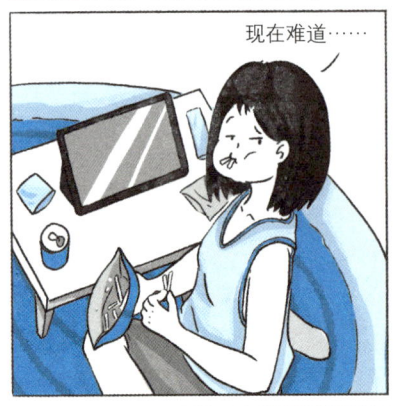

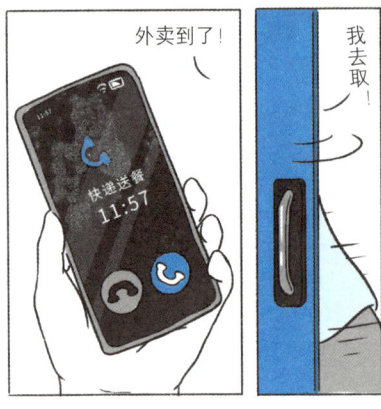
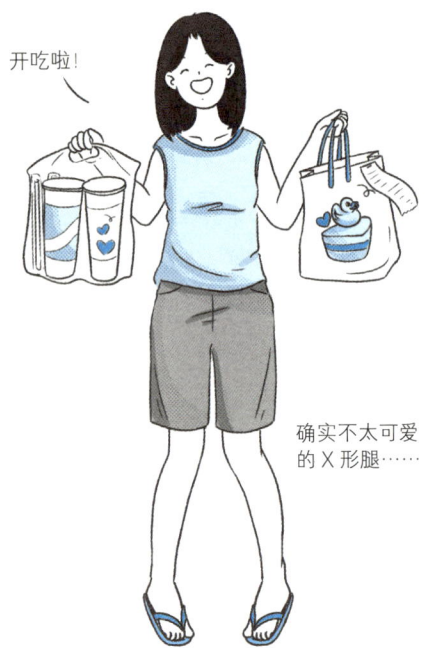

什么是鸭子坐

有一种坐姿，儿童和女性可以轻易完成，男性却很难做到。是什么样的姿势呢？坐在地板上，弯曲膝盖，小腿伸向臀部外侧，让臀部落在地板上。这时从正面看过去，下半身就像英文字母"W"，所以这种坐姿叫作 W 形坐姿，在日本曾被评为最可爱、最少女的坐姿。

W 形坐姿俗称鸭子坐，因为这种姿势和鸭子游泳时"红掌拨清波"的姿势很像。在水中时，两个脚蹼向后外侧拨水，可以让鸭子游得更快，鸭腿伸向两侧，也有利于扩大划水范围。但到了陆地上可就不一样了，鸭子走路是出了名的摇摆不定，这也和它们的腿部形态有很大的关系。

由于骨盆构造的细微不同，儿童和女性很容易完成鸭子坐的姿势，尤其是儿童。发育中的儿童坐在地上时会自然地摆出 W 形坐姿，那是因为儿童的腰腹部核心肌肉力量比较弱，髋关节还没发育完全。当他们一屁股坐在地上时，小腿就会自然向两侧张开，从而更稳固地支撑上半身。

在水中来去自如的鸭子，走起路来摇摆不定

鸭子坐有什么危害

其实鸭子坐对所有人都不适用。虽然这个姿势为力量不足的核心肌群提供了支持,但腿部其实也在默默出力。长时间鸭子坐的话,大腿的股骨会逐渐向内倾斜,而小腿的胫骨会向外倾斜。站立走路时,双脚也会习惯性内撇(我们常称之为"内八字")。久而久之,膝关节内翻还会引起关节炎。

当这个姿势做久了,大腿肌肉也会逐渐去适应,大腿内侧肌肉因持续不受力而挛缩,大腿外侧肌肉因持续拉伸而松弛。起初这种发力

鸭子坐会影响体态和骨骼

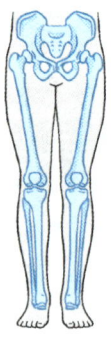 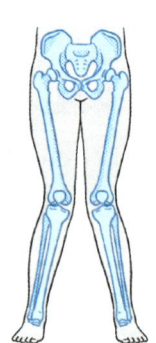

正常腿形　　　X 形腿

核心肌群力量偏弱的人,为了保持稳定的坐姿,就会下意识地做出鸭子坐的姿势。为了增加鸭子坐的稳定性,膝关节会越来越靠拢并硬化,最后进一步影响走路、站立时的体态。

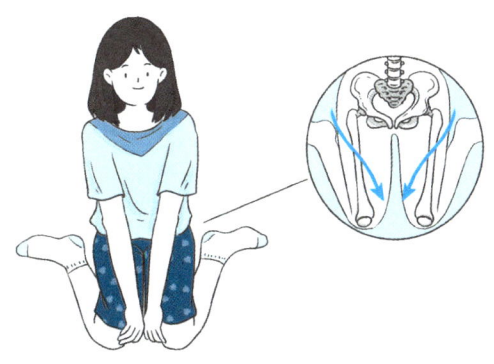

鸭子坐会让大腿内侧肌肉挛缩、外侧肌肉松弛

变化会影响到体态——即使站直了,两条腿也靠不拢,走路时两个膝盖也会不由自主地互相摩擦,这些都是 X 形腿的前兆。等到膝关节外侧和脚踝内侧隐隐感觉到刺痛的时候,可能骨头和关节就已经受到影响了。这时的下肢骨关节,虽然抱有让你走路时更稳当的"好心",却让你不自觉走出了"鸭子步"。

> 你眼中歪歪扭扭的姿势,可能是别人为了保持稳定才被动形成的体态。不要居高临下地去纠正,而是要好好找出影响稳定性的原因。

科学锻炼法：抵消鸭子坐的不良影响

既然核心肌群力量不足的人容易做出鸭子坐，那我们就要有意识地锻炼臀部力量，让我们的臀部有足够的支撑力。

另外，鸭子坐的时间太久会使腿部变成 X 形，我们可以通过充分拉伸大腿内侧肌肉来抵消这个姿势带来的不良影响。

动作 1 增强臀大肌力量

增强臀大肌力量，以改善股骨的内旋。每组 15 次，做 4～6 组。

动作 2 拉伸内收肌

仰卧屈膝，膝盖向两侧打开并保持 20 秒。每组 15 次，做 3 组。

03 双腿交叉坐

为什么我们总是不自觉地双腿交叉坐

每到夏天要穿裙子的时候,有的女孩就会不自觉地陷入纠结:明明不算太胖,为什么感觉小腿又粗又肿?更要命的是小腿肚子上有时候还能看到一条条青紫色的"小蚯蚓"……这是怎么回事?

有这种困惑的女孩,看看你此刻的坐姿,是不是正不自觉地把两腿交叉叠在一起呢?

如果你总下意识地做出交叉腿动作,那就得警惕了。

交叉腿你可能第一次听说,但二郎腿总知道吧。其实,只要是在坐着或躺着时双腿不自觉交叉的姿势,都可以被归为交叉腿,二郎腿就是其中最典型的代表。

直立行走和维持坐姿需要大量肌肉协同发力,时间久了,肌肉会感到疲劳,我们就要通过不断变换姿势来给肌肉"换班"。而双腿交叉就可以达到先放松一条腿的肌群,让腿部和足底肌肉轻松一点儿的目的。

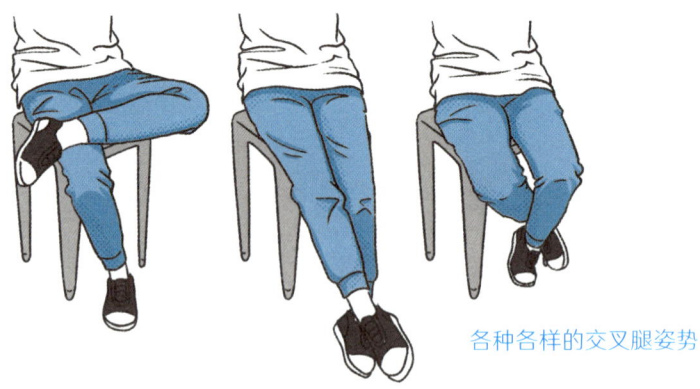

各种各样的交叉腿姿势

长时间双腿交叉坐有什么危害

交叉腿这个姿势本身无伤大雅，即使是二郎腿，也并不算错误姿势——毕竟通过姿势调整，我们可以缓解因坐太久而产生的不适感。但是，如果长时间保持交叉腿姿势的话，一侧肌肉在长时间处于不受力的状态下会越来越僵硬，最终会耽误另一项重要任务——把腿部的血液送回心脏。

由于腿部静脉的弹性较弱，腿部血液回到心脏就要靠肌肉收缩来帮忙。走路、站立时肌肉会交替收缩、舒张，腿部的血液就会从静脉被挤压回心脏。但久坐时，腿部几乎不发力，血液容易停留在腿部血管，导致腿越发肿胀，久坐后腿部的不适感也由此而来。虽然把一条腿放在另一条腿上抖一抖能帮助一部分血液回到心脏，稍稍减轻不适感，但这种扬汤止沸的办法并没有解决根本问题。越来越多的血液滞留在小腿，会使小腿看起来有点儿肿胀，甚至会显现出扭曲扩张的血管，这些都是下肢血液回流不畅造成的静脉曲张的表现。

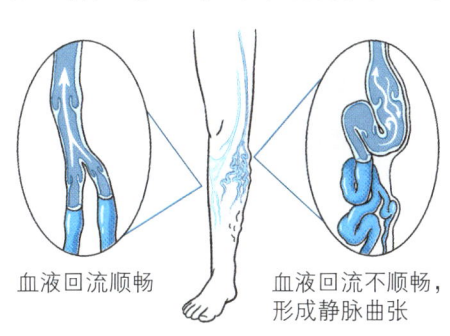

血液回流顺畅　　血液回流不顺畅，形成静脉曲张

肌肉活动能把静脉血液泵回心脏

如果你经常下意识地做出交叉腿的动作，那不妨把它当成一个信号——你已经坐不住了！

科学锻炼法：缓解下肢疲劳

如果不得不久坐，也不方便站起来活动的话，即使已经做出交叉腿动作了，也可以"将错就错"，把这个姿势略加升级，通过 1 分钟的强化拉伸达到更有效的放松效果！

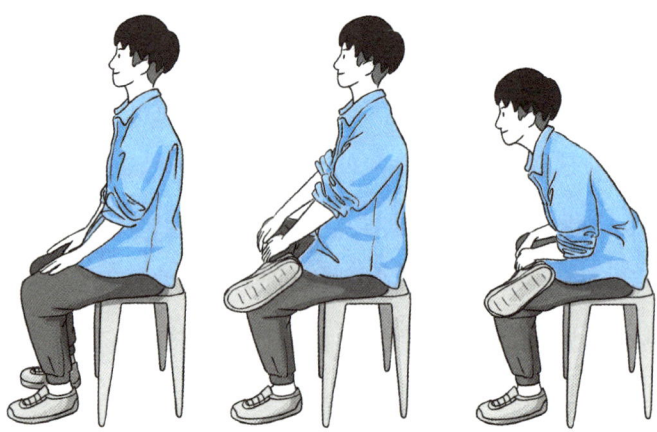

跷二郎腿拉伸臀肌

❶ 坐直后，跷起二郎腿，右脚踝放在左膝上。
❷ 上半身缓慢前倾直到感觉髋部与下背部有拉伸感。
❸ 把右膝向下压，右脚踝向上拉，保持 15～30 秒。换另一侧继续拉伸，重复 3 次。

04 趴着睡午觉 >>>

为什么我们不能惬意地趴着睡午觉呢

宁静的午后,狗狗趴在垫子上,歪着头轻轻打鼾,那我也趴在桌子上睡一会儿吧。然而,从蒙眬中醒来,两眼有点儿花,手臂也像触了电一样,每动一下都仿佛在被针扎,颈肩部还又酸又胀。再一看时间——才睡了 20 分钟!

狗狗还在惬意地睡着,而我明明那么困,为什么就睡不着了呢?

其实,趴着的动作,对狗狗来说是在放松肌肉,对我们人类来说却是在锻炼肌肉。原因就在我们的后背。

对于狗狗来说,趴着的姿势可以让它们的后背部肌肉完全放松下来,且由于狗狗的颈椎活动度更大,即使它们把头扭向一旁,也不会过多牵拉到颈肩肌肉。但我们人类就不一样了,我们趴在桌上时,脊柱要先充分向前倾斜,然后再扭转,以此来让头侧向一边。但事实上,人类颈椎左右转动的范围都小于 90°,趴下时如果强行把头转向一侧,就会牵动颈肩背部大量在直立活动中用不上的小肌肉。不一会儿,它们就会因受力过大、过久而疲劳,我们也就会感到酸痛僵硬了。

另外,把头搁在臂弯的动作会使受压的眼睛和手臂"两败俱伤"。由于眼压升高、眼睛充血,我们在醒过来时会出现短暂的视力模糊,受压的手臂因血液循环受阻,导致神经传导受影响,让人有手臂一直麻到手指的感觉。再加上趴桌的姿势让本就紧张的身体背侧肌群被持续牵拉,腰酸背痛的症状还会加重。

我们的后背部肌肉不像狗狗那样发达

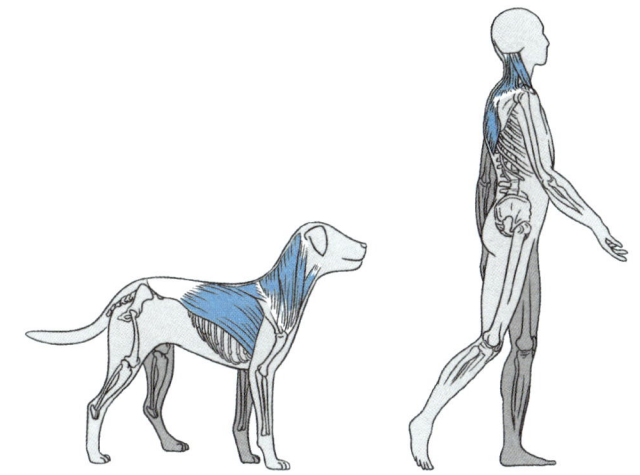

四脚走路的狗狗,脊柱像屋顶一样向上拱起,后背部的发达肌肉在活动中可以帮助躯干维持稳定。

而人类S形的脊柱本身就能承受重力并维持躯干位置,后背肌肉因缺乏用武之地就逐渐退化了,其体积、力量会变得越来越小,耐性也会变差。

工作时要全情投入,休息时要彻底躺平。工作间隙的趴桌睡和休息时候的假用功,都会加重身体和精神的疲惫!

午睡时可选用的两种正确姿势

午睡时,身体最好往后仰靠,双腿伸直,头向后枕。当腿部和后背的夹角在120°～130°之间时,身体从头到脚都可以得到充分的放松。

如果因条件有限,只能趴着午睡,那么为了不让脊柱前倾太多,就要抬高桌面,如用一些衣服或书本垫高。当趴的位置足够高时,头就不会带动脊柱向一侧扭转过多了。

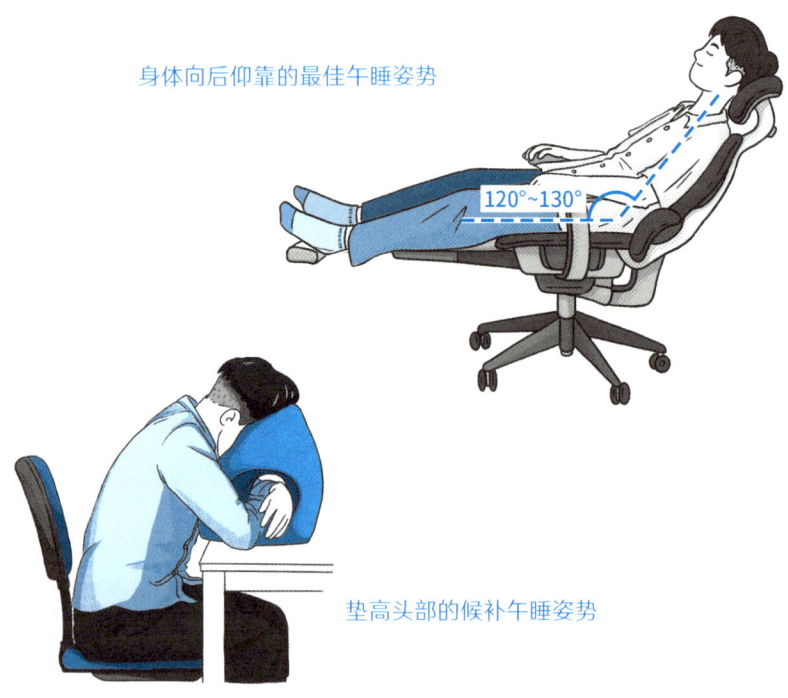

身体向后仰靠的最佳午睡姿势

垫高头部的候补午睡姿势

科学锻炼法:缓解颈肩背肌肉疲劳

如果还是忍不住要趴着睡一会儿,那么睡醒之后不要急着起身,可以保持趴着的姿势,做一下拉伸,缓解因趴着引起的颈肩背肌肉疲劳。

❶ 身体坐直,额头放在桌沿,双手轻放在脖子后侧,手肘向外打开,支于桌上。

❷ 深吸气,用腰背部发力,让一侧手肘抬起,直到后背有拉伸感,保持10秒。

❸ 深呼气,换另一侧手肘抬起,重复动作。

❹ 两侧交替,各做3次,再慢慢坐直,环绕肩部,充分放松。

05 坐车打瞌睡 >>>

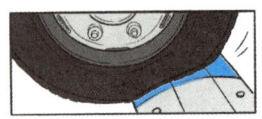

真的很容易在车上打瞌睡，该怎么办

要想从根本上防止坐车打瞌睡，最重要的是保持车内通风。如果长时间憋在密闭的车厢里，大脑供氧不足，我们就会更嗜睡。

如果在长途车程中实在想要补个觉，我建议大家佩戴合适大小、高度的颈枕。这样一来，即使在无意识的睡眠状态下，我们头部的活动也可以被控制在安全范围里。不过，也不建议每次睡太长时间，睡30分钟后就可以摘下颈枕，活动活动颈、肩、手臂。

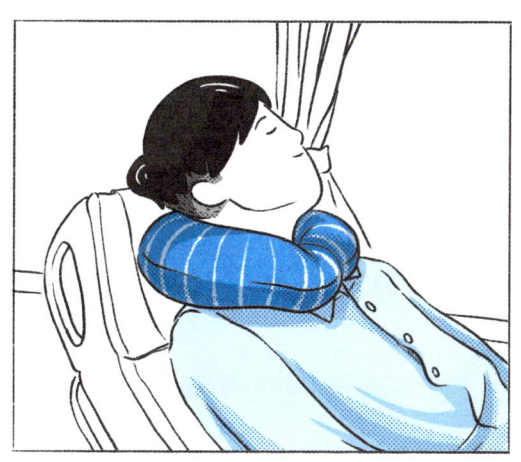

佩戴合适大小、高度的颈枕

身体和灵魂，总有一个在路上。然而，在坐车的时候，可千万不要把身体单独留在座位上随车摇摆哦。

科学锻炼法：增加颈椎稳定性

为了防止我们的颈椎活动幅度过大，需要对颈椎做稳定性训练。这些训练动作的幅度都比较小，头部的活动几乎看不到。训练的关键在于利用手和头之间的力量对抗来锻炼颈部小肌群。

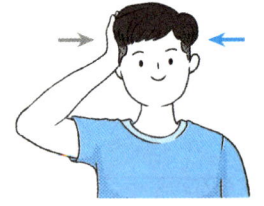 

❶ 保持身体直立，两肩放平，向上伸脖子，收下巴。

❷ 用右手的掌根抵住右侧太阳穴，让手和头进行对抗，不改变身体的位置，保持 30 秒。换左手，做相同的动作，同样保持 30 秒。

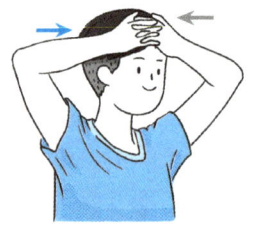 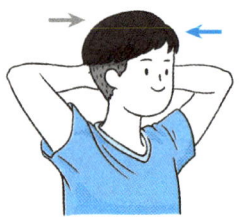

❸ 双手交叉，放在前额或后脑勺上，让双手和头进行对抗，保持 30 秒。

❹ 以上动作各做 2 遍。

06 蜷腿骑单车

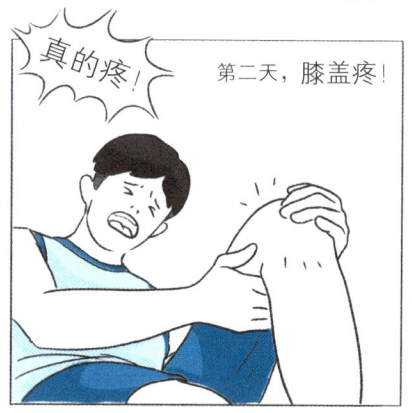

为什么长时间骑自行车膝盖会痛

如今,当我们要去一个地方,坐地铁太近,坐公交车太堵,走路又太远时,骑共享单车就是一个不错的选择。共享单车的确很方便,许多人都会随时扫码、随时骑。但为了保证大多数人的骑行安全,共享单车的座位高度普遍都比较低。如果蜷着腿骑这一路,不光会觉得很费力,甚至还容易伤到膝盖。

人在紧张的环境中会下意识地蜷缩身体,所以骑车时将自行车座垫放低一些会让我们更有安全感,也让我们能时刻做出避免摔跤的防护动作。但在蜷腿姿势下,腿部无法充分发力,非但骑不快,还会让过于弯曲的膝盖承受更大的压力,导致关节软骨磨损得更厉害。

不过,话说回来,也不是腿伸得越直越好。有的人为了"展示大长腿",甚至踮着脚骑车,这样的姿势很容易造成大腿后侧肌肉疼痛。所以,把坐垫调节到合适的高度,自然而然地找到正确的骑行姿势才是最好的。

大多数研究认为,最理想的发力状态是将膝关节幅度值保持在 $150°\sim155°$。此时,我们会明显感觉膝盖压力减少很多,而且比较好发力。

> 生活中,越是随处可用的东西,使用成本就越高。掌握一些人体工学小窍门,共享单车也能成为"私人定制"。

怎样将自行车坐垫的高度调整至理想高度呢

当我们把一边的踏板踩到最低的时候，膝盖要略微弯曲，膝盖角度保持在150°～155°之间是最好的。如果大于155°，我们骑车的时候就会下意识地踮起脚，此时不光骑车发力的效率变低，小腿后侧肌肉会紧张，足底也会感觉到疼。如果没有达到150°，膝盖受到的压力又会过大。这里我有个快速调节的方法分享给大家。

快速调节坐垫高度的方法

1. 站着用脚跟把踏板踩到底。
2. 慢慢拉起座子，让它刚好接触到站立状态时的屁股。
3. 把座垫高度锁定，坐上单车，用前脚掌踩踏板骑行，这时膝盖角度就刚好保持在150°～155°了。

科学锻炼法：增强腿部肌肉力量

除了调整坐垫高度外，增强腿部肌肉力量也同样重要。

膝关节周围包裹着肌群，它可以在运动过程中吸收运动带来的冲击，从而保护膝关节。如果肌肉力量不足，膝关节承受了过大的力量，就很容易受伤。下面两个动作可以通过增强大腿内侧力量来促进膝关节稳定。

动作 1　坐姿踮脚

坐在平地上，膝盖下方垫一块小毛巾；慢慢让脚面绷直，手指放在股四头肌内侧头上，感受它的收缩，保持 10 秒后放回。

动作 2　曲膝

双脚分开，脚间距大于肩宽，两脚分别与身体成 45°角；慢慢屈膝下蹲，直到膝盖夹角为 120°左右；使用股四头肌内侧头的力量，慢慢让身体站起，手放在大腿内侧，感受它的收缩。

PART 2
行

07 直腿下楼梯

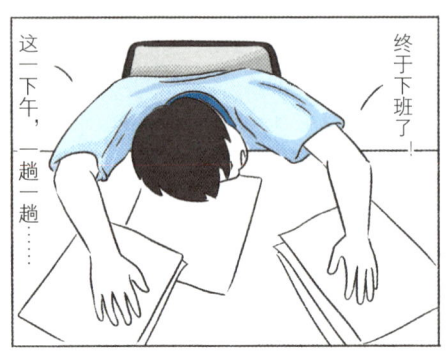

为什么直着腿下楼梯会引起膝盖痛

你有没有这样的体验：工作忙起来，连喝口水的时间都没有，更别说休息和走动了。好不容易要离开一下工位，却感到两腿僵硬，膝盖发软。拖着"软腿"直挺挺地上下楼梯后，感觉膝盖仿佛已经不是自己的了。

对于久坐或久站的上班族来说，一天下来，腿部肌肉已经非常疲惫了，他们在匆匆忙忙下楼梯时又常常会用"直腿"的方式来加快速度。此时膝关节处于锁死状态，腿部肌肉无法发力，下楼梯时所接受到的来自地面的冲击，都会被膝关节和韧带所承受。这与"上山容易下山难"的原理相同，长此以往，会加速膝关节的劳损。

人的膝关节由股骨（大腿骨）、胫骨（小腿骨）和髌骨（膝盖骨）3块骨头组成。骨头之间的软骨和韧带可以缓冲压力、维持稳定并限制关节的过度活动，从而保护膝关节。膝关节周围的肌肉也可以通过拉伸和收缩来尽量减少软骨和韧带损伤。

如果长时间僵直双腿，使用膝盖发力，就会让髌骨内侧产生磨损。这种不适感会缓慢演变成髌骨软化症，表现出膝盖疼痛、使不出力的症状，这种症状尤其会在下楼和半蹲时加重。

如果在伸屈膝关节时频繁听到弹响声，按压髌骨四周时感觉到疼痛，那就要警惕了。如果频繁"打软腿"，疼痛剧烈，膝盖周围还有点儿肿胀，那就更要注意休息，尽量减少快速下楼梯和下蹲等活动。

不稳定的膝关节容易受伤

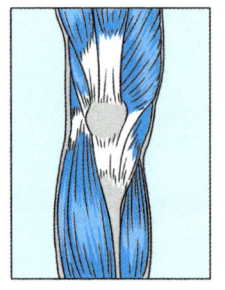

人类的膝关节结构复杂,在我们做高强度的屈伸活动时,它既要保持灵活,又要保持稳定,所以比较容易损伤。

我就喜欢直着腿跳来跳去!

一天到晚直着腿跳来跳去的麻雀,它的膝关节灵活性较弱,稳定性却很强,加上麻雀体重较小,因此跳跃活动对它的膝关节不会造成损伤。

下楼梯本身并不会伤膝盖,我们要避免的是僵直双腿的下楼梯方式。大家可以试试用脚尖着地的方式下楼梯,这样每次着地时膝关节都会自然而然地处于略微弯曲的状态。大腿前侧股四头肌力量大、弹性强,在维持膝关节稳定方面特别"给力"。使用脚尖着地的方式下楼梯,膝关节里髌骨、韧带、半月板等重要结构就不会因过度使用而磨损了。

都说"膝下有黄金",不能轻易弯膝盖,可有的时候还是要适当地弯一弯!

科学锻炼法:增强股四头肌力量

髌骨受力过大会引起刺痛,还会引起"打软腿"。解决这个问题的核心在于增强大腿股四头肌的力量。股四头肌的4个头分别从大腿的前、后、内、外4个方向包裹着膝盖,使我们的膝盖在活动中免受损伤。建议大家久坐后不要急着起身快步走,先做几组下面的动作,激活股四头肌之后再活动。

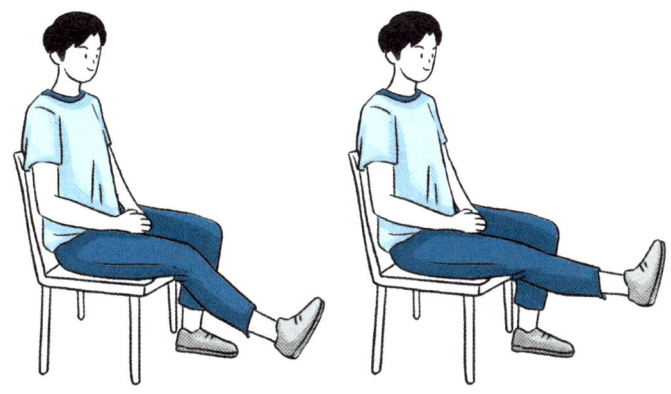

❶ 坐在椅子上,伸直膝关节的同时勾住脚尖,用力绷直整条腿并保持水平状态。这时候会感觉到大腿的肌肉在用力,摸起来硬硬的。
❷ 每条腿坚持 10 秒,然后放松 10 秒。
❸ 每天可以上午做 30 次,下午做 30 次。

08 稍息放松站

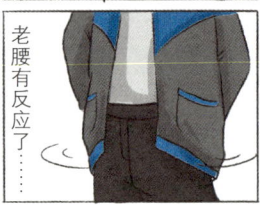
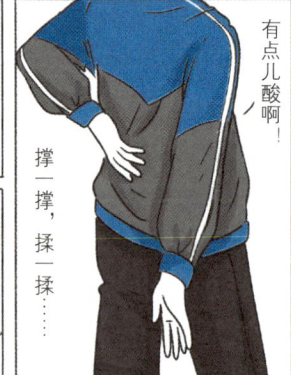

为什么习惯稍息放松站的人常会感觉腰痛

有的人可以轻而易举地长时间保持挺拔的站姿。

有的人却觉得略带"稍息"的放松站姿更放松、更持久。

两种站姿孰优孰劣,并无定论。它们只是不同体态下身体的下意识选择。

"站如松"的站姿和略带稍息的放松站姿,乍一看好像没什么太明显的差异,但当我们从侧面看时,就会发现稍息放松站的人,骨盆会稍微往前倾并且向前推,上半身还有一点儿后仰。更习惯于稍息放松站的人,如果久站或久坐,还更容易腰痛。

习惯稍息放松站的人,最大问题就在于他们那些维持姿势的肌肉是不会发力的。这些拥有后仰体态的人,往往身体背侧肌群比较紧张,后侧整块肌肉挛缩会使身体不自觉地往后仰,所以他们就算没有肚腩,也会给人挺着肚子的错觉。与此同时,他们身体前侧的腹肌和后侧的腰背肌力量不足,核心肌群的"气球"总是处在瘪气的状态。在站立时缺乏有效的支撑,身体就容易东倒西歪。

稍息放松站的时间久了,会进一步加重身体背侧肌肉紧张,还会逐渐发展出下交叉综合征——腰侧很容易感到僵硬和酸痛,甚至腰部皮肤也比其他区域更紧绷、更没有弹性,腰部神经如果被夹挤或者压迫,还会引起腿部酸胀麻木。

稍息放松站会导致骨盆前倾，加重腰椎负担

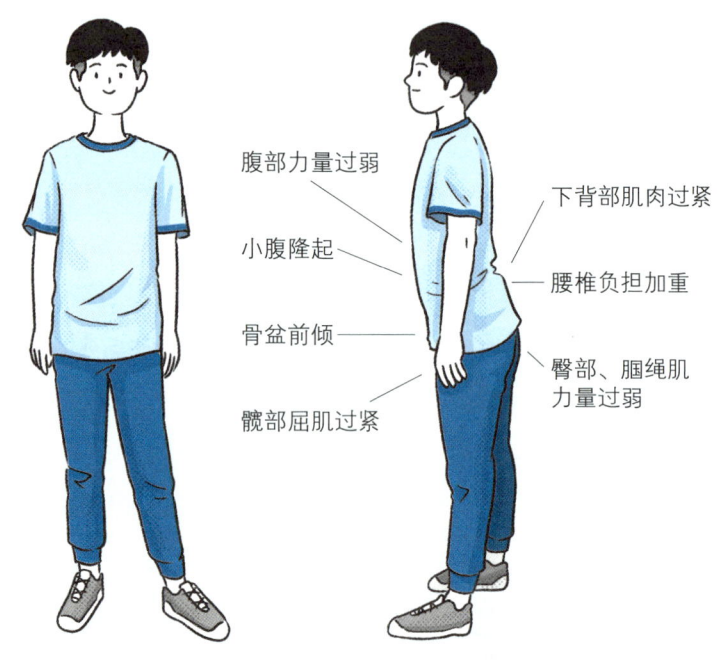

稍息站姿正面观　　稍息站姿侧面观

为了维持骨盆的正确位置和角度，左右两侧肌肉需要同时发力。稍息放松站虽然可以放松一侧的大腿，却无法对骨盆起到支撑作用，导致骨盆发生左右倾斜和前倾，时间久了，还会加重腰椎的负担。

如何正确且省力地站很久

正确且省力的站姿是用臀部发力来支撑的,具体方法如下:

面朝前方,脚跟并拢,脚跟逐渐加力靠紧并保持住。这时候,用心感受臀部的发力,如果有支撑的感觉了,那就坚持用这个方法来调整站姿吧!

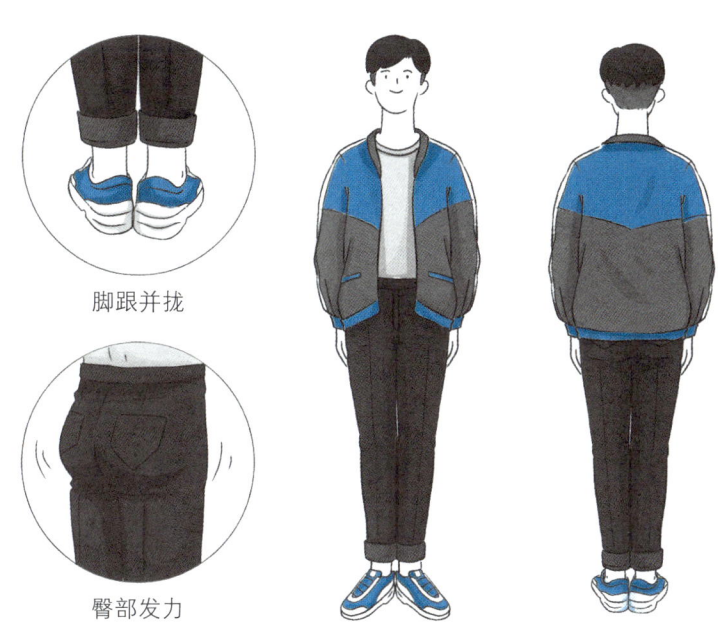

脚跟并拢

臀部发力

正确的站姿

所谓"身正不怕影子斜",体态挺拔了,肌肉有力了,就算不刻意纠正站姿,身体也可以变挺拔。

科学锻炼法：臀肌加强训练

如果想要更轻松地保持挺拔的站姿，我们还是要主动出击，加强我们背侧肌群的力量，其中臀大肌的力量就是至关重要的部分。当臀部足够发达时，夹紧的臀大肌会为上半身提供一定的支撑，核心肌群在维持姿势稳定时也能更轻松一些。

最常规的锻炼方法就是臀桥，可分成两阶。初学者和高阶选手可根据自己的实际情况选用。

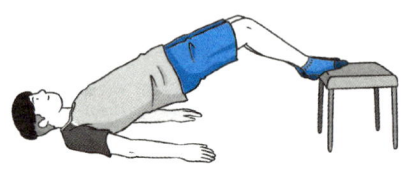

初学者

双脚踩在瑜伽球或小板凳上，膝关节略微弯曲，撑起身体。

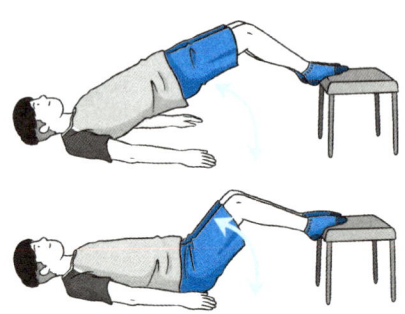

高阶选手

在初学者动作的基础上，加上提髋，进一步刺激臀大肌发力。

09 单肩背书包 >>>

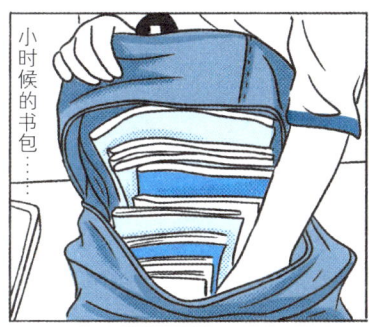

单肩背包看似潇洒，实际上会让脊柱变歪

"双减"前的一项调查显示，初中生每天背的书包重 6~10 千克。然而，一个孩子的体重才大约 45 千克，光一个书包就有体重的五分之一那么重。

由于书包太重，许多孩子放学回家后都会抱怨颈、肩、背部酸痛，而且为了给肩膀放松，他们常常用一侧肩膀背书包，累了再换到另一侧，把书包的重量全部压在单侧的肩膀上。时间久了，非但肩膀酸痛的情况没好转，单肩交替背书包的习惯反而养成了。

由于学生的脊柱还未发育健全，沉重的书包很容易把他们的身体往一侧拉。为了不让肩带滑落，他们的肩膀会一高一低，脊柱也会跟着改变曲度。这时候，背部的两大肌肉已经发力不对称了。但这种肌肉发力不对称的状态，在肩膀和脊柱歪斜的体态下，恰好保持了杠杆平衡，所以身体很难意识到这种姿势有多么危险。

随着脊柱逐渐发育成熟，青少年时期形成的习惯性受力模式会在背部"刻下印记"，随之而来的就是身体歪斜、侧弯。从此以后，只要一背书包，身体就会下意识地让比较强壮的一侧肌肉多出点儿力，继续做出单肩背书包的姿势。

单肩背书包会让身体变歪的原因

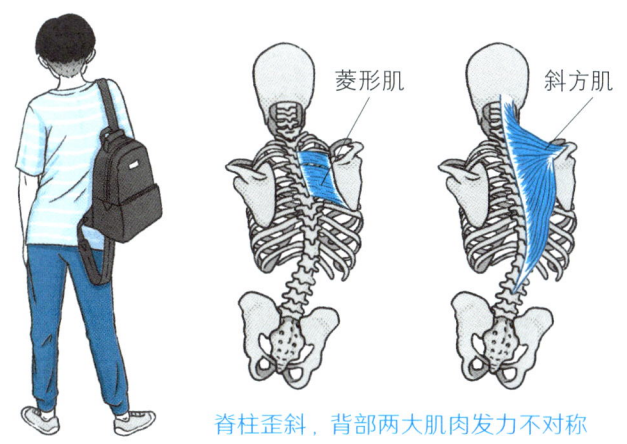

脊柱歪斜，背部两大肌肉发力不对称

为了保持平衡，脊柱会通过歪斜来维持单肩背书包的姿势，背部的两大肌肉也会呈不对称发力状态。

换用拉杆书包，会不会好一些

随着"双减"政策的落地，无论是孩子的精神压力还是身体负担，都获得了一定的缓减。对于书包，目前我们医生的建议是重量不要超过体重的10%，要选择肩带略微宽一些的，以减轻书包对孩子肩膀的压迫。

很多家长担心孩子背书包影响脊柱发育，就为他们换上了拉杆书包。这一举措虽然给肩背部减负不少，但"按下葫芦浮起瓢"——拉杆书包需要用单手拉，一只手要反伸到身体后面，这种扭转身体拖拽拉杆书包的姿势，又会导致另一种两侧不均等发力的姿势出现，同样增加了脊柱侧弯的风险。碰到上下楼梯时，需要猛然提起书包，这个动作还容易造成肩背部肌肉急性损伤。所以，使用拉杆书包时也要小心谨慎呀。

"一肩挑"的时代已经过去。面对各种重担，"双肩"一定比"单肩"更能从容应对。

科学锻炼法:矫正上半身歪斜

如果长时间单肩背书包已经造成了上半身歪斜,我们可以通过下面两组动作来进行矫正。

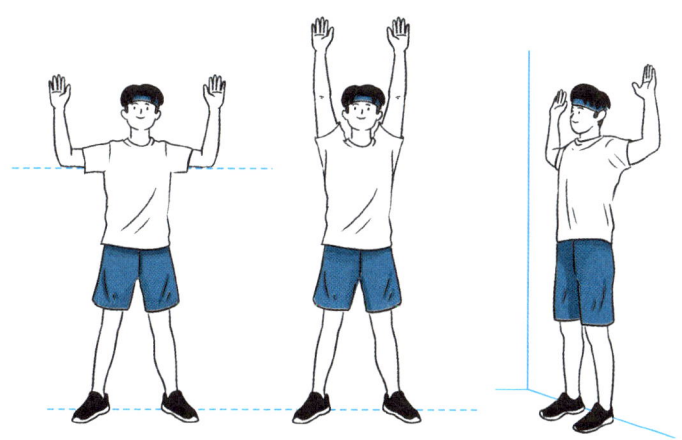

动作 1 双手外展

① 对着一面镜子,身体靠墙站立,双手向两侧展开,上臂平行于地面,手背贴墙,大拇指尤其要贴住墙壁。
② 双手向上举过头顶,保持 30 秒,同时对着镜子观察,用身体去体会哪一侧肌肉更加疲劳。如果一侧肌肉更疲劳,就说明这一侧肌肉是缺乏锻炼的,可以针对性地让这一侧多做 5 次动作。
③ 双手向下放至上臂平行于地面,左右高度一致。

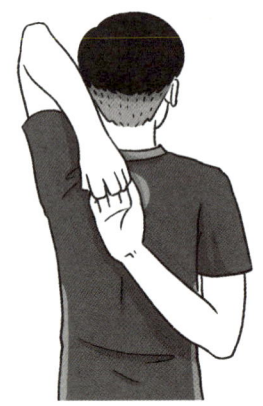

动作 2 后背部拉伸

① 双手一上一下,在后背部握紧。如果无法做到,也可以拉一条毛巾。
② 挺胸向前看,感受肩背部和腰背部肌肉发力,保持 30 秒。
③ 左右交替,再保持 30 秒,此为完成 1 组。
④ 每天早晚各做 3 组。

10 踩高跟走路 >>>

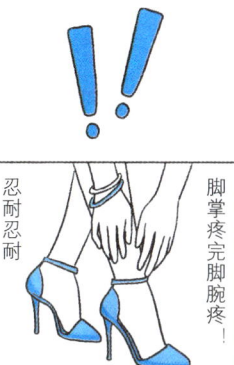

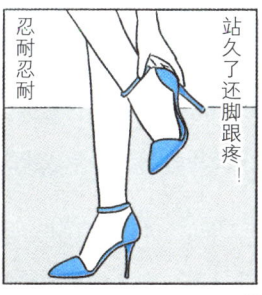

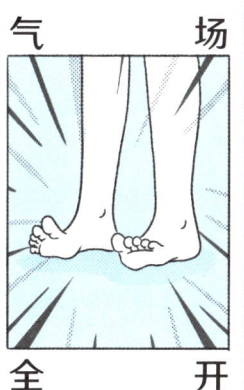

经常穿着高跟鞋走路，脚趾会变成什么样子

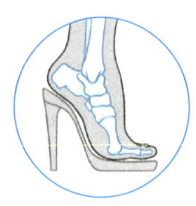

你知道吗？人不是用脚掌走路的，而是用脚趾。

大脚趾作为非常重要的行走工具，它的弯曲可以让我们的动作更加灵活。脚趾弯曲配合上足底筋膜和跟腱的持续发力，使我们每一步都走得很稳当，而高跟鞋却把这些重要的走路结构全部"封印"住了。

穿着高跟鞋走路时，整个身体的重量都得靠两个大脚趾来支撑。步子迈得越大，大脚趾受力就越大；鞋跟越高，大脚趾和前脚掌承受的压力就会越大，身体也会越往前倾。

想判断自己到底适不适合穿高跟鞋，可以先低头检查自己的双脚。

穿高跟鞋走路会影响大脚趾的骨骼结构

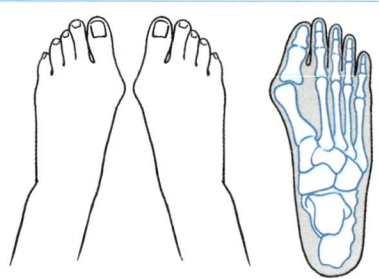

如果长时间穿高跟鞋走路，前脚掌会通过改变结构的方式来增加与地面的接触面积，从而保持身体平衡，也就造成了大脚趾外翻。此时，足底筋膜和足趾关节的受力异常增大，会引起反复刺痛。

什么样的脚更"适合"穿高跟鞋

首先看侧面。从脚踝的凸出点向下画垂线,看看这条线把脚底板分成怎样的比例。一个平衡的足部,脚底板前后的比例应该是3∶1或4∶1。穿高跟鞋走路会让人的上半身不由自主地往前倾,脚踝线也会靠近脚跟,使重心落在后方,走路时,下肢关节的负荷就会增大。走久了会带来身体背侧更多肌肉紧张,进一步加重身体前倾。

自测脚底板前后部分的比例

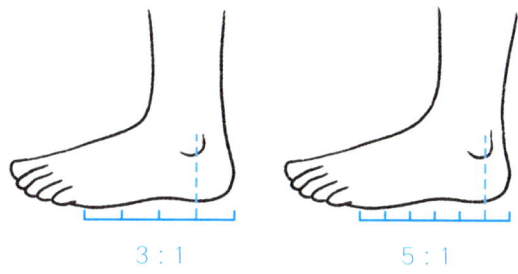

3∶1   5∶1

如果后半部分和前半部分的比例是1∶3或1∶4的话,那么说明脚底板可以为身体提供有效的支撑。如果是1∶5或者更甚,那就表示脚底板在走路时对身体背侧的支撑度不足。

然后看背面。并拢双脚,看两侧大脚趾内侧能不能并拢。如果大脚趾内侧几乎保持直线,互相贴合良好,那就说明足趾关节和足底筋膜还是很稳定的。如果大脚趾朝外翻,足趾尖互相分开的话,那就表示走路时异常发力已经导致大脚趾外翻畸形了。

很多人说"高跟鞋越穿越合适",其实就是指脚形变得越来越适应穿高跟鞋时的走路方式。但身体前倾和𨂇外翻都会加重关节劳损,引起反复疼痛,甚至影响正常走路。

穿高跟鞋走路的正确方法

高跟鞋的鞋头都比较窄,加上踮脚的姿势,会导致前脚掌和脚趾承受非常大的压力。在鞋头塞一些海绵可以在一定程度上减轻脚趾压力,缓解疼痛,同时也能增加髋部和膝关节在走路时的稳定性,从而避免身体过度倾斜。

同时,因为在穿高跟鞋走路时足底筋膜受到的压力过大,所以我建议大家每次脱下高跟鞋后做一下背侧肌群拉伸,并着重对足底筋膜进行局部放松。

高跟鞋带给我们气场,我们也要修炼"底气",从而更好地驾驭它。

科学锻炼法：背侧肌群拉伸放松

拉伸背侧肌群可以有效纠正身体前倾的走路姿势。想要充分拉伸背侧肌群，可以选用站立体前屈和足底筋膜放松两种方式。

方法1 站立体前屈

站立体前屈时，一定要把膝盖伸直，再进行充分拉伸。

在这个状态下做站立体前屈，才能拉直整个背侧肌群，使其充分舒展。

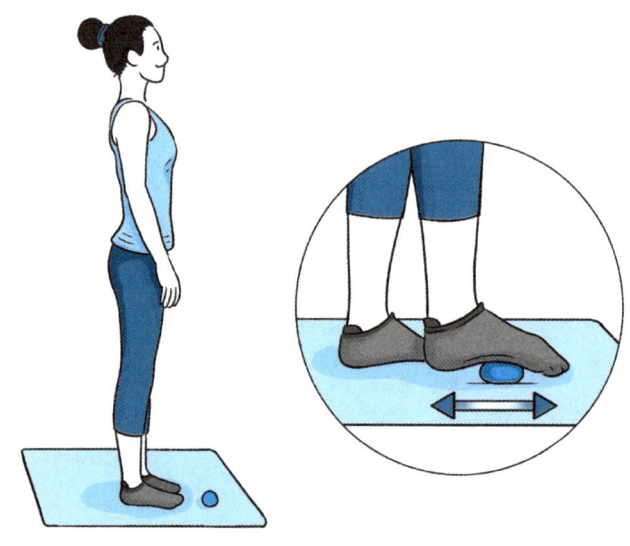

方法 2 足底筋膜放松

　　放松足底筋膜可以有效缓解前脚掌和后脚跟筋膜附着点的压力。

　　这里我们需要用到一个卷筒纸芯或者一个小球。身体挺直站立并将卷筒纸芯或小球放置在足弓处，让其从脚趾到脚跟来回滚动，对足弓处进行按摩放松。注意不要太用力。双脚各滚动 30 秒为 1 组，每天做 4 组。

11 走路看手机 >>>

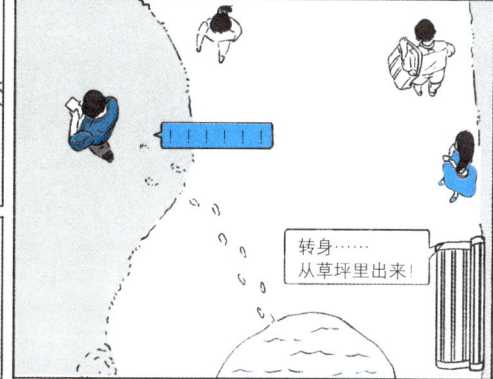

边走路边看手机,就是在折磨你的眼睛和颈部

人在走路、坐车时,如果盯着屏幕或书本,除了容易摔倒以及伤害颈椎以外,最大的问题还是影响视力。

无论是在步履匆匆的路上,还是在摇摇晃晃的车厢里,晃动的环境会使我们的视距忽远忽近,视角左右摆动,从而导致瞳孔放大、眼部神经链之间的微小肌肉松弛。这时,眼睛就会产生酸胀感,看东西也会变得模糊。

人类眼睛的构造精密且复杂。光线通过晶状体等投射到视网膜上。经过视锥细胞和视杆细胞感光,光信号被转化为电信号,再通过视神经进入大脑,从而把视觉信息传递给大脑。如此复杂的过程,可以保证成像精度和距离,但同时极易导致用眼疲劳。

如果在晃动的车上刷手机,或在路上边走边发消息,你不光会发现自己很快就头晕目眩了,还会发现颈部肌肉也开始僵硬酸痛了。其实,这不光和低头姿势有关,还和人体原始的"眼-脊反射"有关。

闭上双眼,左右活动眼球,同时把你双手大拇指的指腹放在后脑勺两侧,感受枕骨下肌群张力的变化。你会发现,颈后肌群的张力随着你的眼球运动而发生改变,这就是"眼-脊反射"。这也解释了为什么眼睛疲劳的人常常伴有颈部不适,而颈椎疲劳的人也往往视力不太行。

眼睛在看东西计算距离时，颈部肌肉也在随之调节头部位置

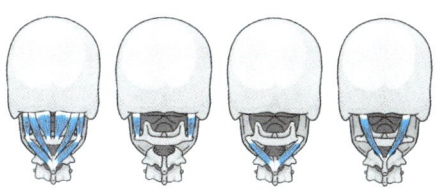

枕后肌群是头部的"云台"稳定器

头后直肌和头斜肌是背侧肌群的功能重心，它们含有大量的张力感受器，通过眼球运动就可以协调背部其他肌肉。

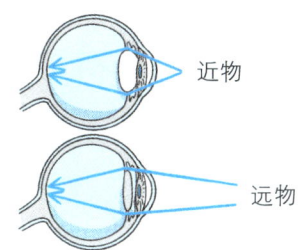

近物

远物

双眼是清晰的三维深度摄像机

眼睛看东西时需要计算距离，并依靠肌肉调节焦距。抖动着看东西时，肌肉调节太频繁，眼睛就容易疲劳。

享受这副躯体带给我们的便利时，也一定要记得：总有一些部位正在默默负重前行，如果已经感觉到酸痛疲劳了，就一定要学会照顾好它们！

养护身体 TIPS：放松眼睛的方法

如果你在工作中时常过度用眼，在路上也会忍不住边走路边看手机，那么我来教你一招放松眼睛的方法，就是每晚花 10 分钟眺望远处并数数。可以数星星，也可以数对面居民楼开灯的窗户个数。

这个方法对锻炼眼睛内部的神经链有非常大的帮助。无论眼睛近视多少度，无论看起来清晰还是模糊，我都建议你每晚坚持远眺数数，这个方法既可以放松眼睛，又可以锻炼颈下肌群。

数星星

科学锻炼法:"眼-颈"保健操

如果眼睛和颈椎都感到疲劳,那么还有一种方法,叫作"眼-颈"保健操,可以同时放松眼睛和颈椎。

"眼-颈"保健操

❶ 坐直身体,闭上双眼。

❷ 慢慢抬头,在抬头过程中,眼球也向上运动。

❸ 再慢慢低头,眼球向下运动。

❹ 重复此过程,30 次为 1 组。

❺ 睁开双眼,感受一下颈部有没有轻松一些。

❻ 早、中、晚可以各做 1 组。

12 重物挂胸前

习惯性地把重物挂在胸前，会让我们越来越像袋鼠

身体正面是我们最脆弱的部分。如果在我们目之所及的地方出现可能到来的危险，我们总能迅速地含胸抱膝，把身体正面牢牢保护起来。所以，当包里放着重要的东西，或者带着小宝宝出门时，我们也会下意识地把它们挂到胸前，让它们一刻都不能从视线中离开。

然而，那些习惯把东西挂在胸前的人，都会有点儿含胸驼背，即使胸前没挂东西，远远看起来也像袋鼠妈妈。这种体态不仅不够挺拔，而且会引导人在每次背包时都下意识地往前挂，久而久之，就导致腰酸背痛了。

总是把重物挂在胸前会影响我们的体态

我们可以把人类的 S 形脊柱看成一个天平。胸椎向后凸，刚好可以承受身后背包向下的压力；腰椎微微往前凸，前侧腹部的核心肌群又像一个气球一样可以对抗往下的压力。所以说，S 形脊柱可以让背后背包更省力。

如果将背包挂在胸前，为了承受重压，身体会下意识地通过弯腰含胸来增加腹腔的容量，使腹部核心肌群的"气球"再大一些。如果背包较重，还要加上双手在前侧捧住背包，才能勉力支撑。

人类和袋鼠在脊柱上的差异

人类的脊柱不适应胸前负重

人类的脊柱呈S形，更适合从上到下、沿着脊柱传递压力。挺直身体，把背包背在后面，从发力上来讲是最"经济节能"的。

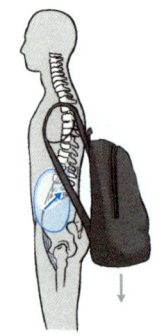
核心肌群正常发力，缓解背包压力

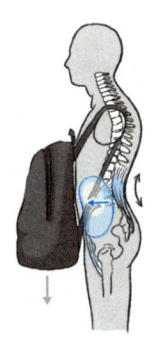
核心肌群无法正常发力，腰肌疲劳

袋鼠的脊柱可承载胸前负重

袋鼠的脊柱并不是S形的，而是微微向后拱起的，配合强大的大腿肌肉和腰腹部核心力量，可以轻松承受肚子里小袋鼠的负重。

袋鼠的腰椎向后凸，给核心肌群留有充足的发力空间

如果长时间把包挂在胸前,当核心肌群力量在非常规活动下被消耗殆尽后,腰椎就会出现不可逆的退行性病变,比如腰椎曲度变直、腰椎曲度反弓等。

有好多二胎妈妈在怀孕期间会反复腰痛,主要就是因为她们已经把老大挂在胸前太久了,腰椎曲度已经逐渐变直了。这种情况下再怀孕,核心肌群力量减弱,胎儿又日渐增大,腰痛就不可避免了。

日常生活中,还是不要去学袋鼠妈妈,多学学袋鼠爸爸,两手一摊,站立如松!

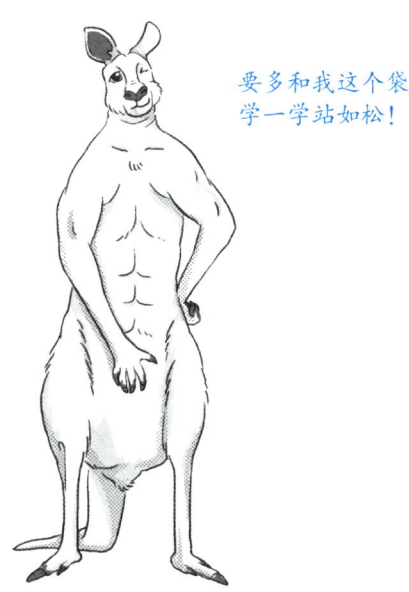

要多和我这个袋鼠爸爸学一学站如松!

科学锻炼法：核心力量训练

我们可以对腰、腹、臀部的核心肌群以及大腿肌肉做一些加强和拉伸训练。大家可以参考第1章第4节的训练动作，也可以试试下面2个方法。在做完这些训练之后，如果再遇到背包过重的情况，身体就不会下意识地前倾含胸了。

方法1　侧向抬腿

1. 身体侧卧，下面的膝盖呈90°弯曲。整个后背就像靠在墙壁上一样呈一条直线。
2. 缓慢抬起、放下大腿。
3. 重复8～10次，换另一侧。

方法2　屈髋拉伸

1. 向前迈出一只脚，两侧脚尖都朝前，保持后背和后侧腿部伸直。
2. 慢慢弯曲前侧大腿，同时让后侧腿部上的臀肌发力往前推，直到感觉到骨盆被拉伸。保持20秒，换另一侧。
3. 重复8～10次。

PART 3
小习惯

第 2 章 了解我们的姿势

13 单手托腮帮 >>>

单手托腮，居然把脸托歪

爱美的女孩总喜欢照镜子，但有时看着镜子里的自己，越看越陌生。怎么下巴一边大、一边小？怎么锁骨一边突出、一边看不到？怎么肩膀也是一边高、一边低？

要命的是，好像自己越在意，不对称的情况就会变得越严重。甚至有的女孩想要去削骨整形。然而，到了医院，下颌骨 X 线片显示：脸形对称着呢！

如今，这种骨架对称但体态歪斜的情况非常常见。年轻人或多或少都会发生脊柱侧弯，体态也会相应地出现高低肩，继续严重下去就会发展出锁骨不对称，最终呈现脸歪的外观。这些问题往往都源于一侧肩膀发力过多。

如果一侧肩膀发力较多，那么这一侧的斜方肌上束受到锻炼的机会也就较多，会变得更发达、更有力。习惯了扛下所有之后，肩膀高的一侧又会优先发力，导致"强者更强"。

当一侧的斜方肌上束过于紧张时，还会牵拉到对应一侧的肩锁关节（肩胛骨和锁骨连接处）和胸锁关节（胸骨和锁骨连接处）。

由于锁骨周围的肌肉比较少，此处会更早出现不对称的问题。如果忽视了这个问题，让斜方肌上束发力不对称的情况继续加重，就会导致肩胛骨也开始歪斜，连接肩胛骨和脊柱的菱形肌被继续拉拽，引起胸椎关节不正，进而影响脊柱平衡，导致脊柱侧弯。

如果继续不重视这个问题，一段时间后，连接胸廓和头部的胸锁乳突肌也会出现两侧发力不对称，总是发力的一侧就会把脸颊拉拽得略微鼓出来，让脸看起来越来越不对称。一般来说，发展到这个程度，如果不是下颌骨本身的问题，那就说明脊柱侧弯已经很严重了。

身体总是这样，牵一发而动全身。

斜方肌上束发力不对称导致高低肩

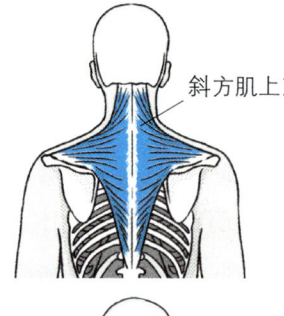

斜方肌上束　　正常情况下的斜方肌上束

斜方肌上束对称发力，左右肩胛骨一样高。

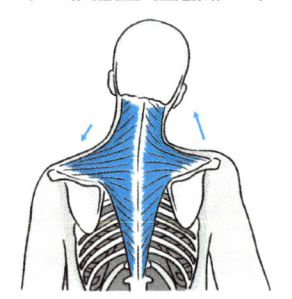

单手托腮帮后的斜方肌上束

单手托腮帮时，斜方肌上束的发力是不对称的，进而使肩胛骨歪斜，甚至还可导致脊柱侧弯。

如果你此刻正托着腮帮翻到这一页，就赶紧把手放下吧！

科学锻炼法：矫正高低肩

虽然单手托腮帮很舒服，单肩背包也很时尚，但我们还是要多多注意高低肩的体态问题。每天照镜子的时候可以留意一下胸口两侧锁骨的凸起是不是对称的。如果发现左侧的锁骨内侧有点儿凸起，那就表示左肩相对于右肩更高一些，说明左侧斜方肌上束持续发力造成紧张，而右侧斜方肌上束相对薄弱。

推荐两个简单的矫正方法，这里以左肩高、右肩低为例。

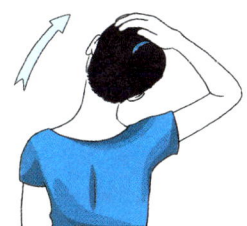

方法1 拉伸左侧斜方肌上束

每次拉伸15秒，共做3次。

方法2 锻炼薄弱侧斜方肌上束

❶ 采取耸肩的方式，只练习右侧。

❷ 耸肩到极限后，保持3秒，12次为1组，做3组，组间休息1分钟。

❸ 注意呼吸顺畅，不要歪头。若想增加锻炼强度，可在耸肩时手拿哑铃。

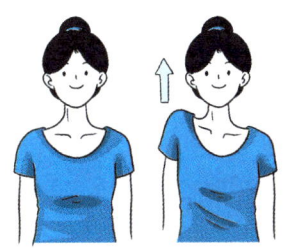

14　大力擤鼻涕 >>>

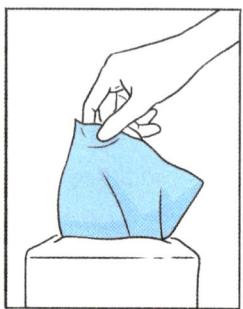

擤鼻涕时千万不要太用力，小心诱发感染

外界粉尘、病毒和细菌进入人体都有可能引起感染。鼻子作为人体的第一道防线，其构造和其他动物不太一样——几乎所有的动物鼻孔都是朝前或朝上的，而我们的鼻孔是朝下的。

空气顺着鼻孔进入鼻腔内部，鼻腔里的纤毛是灵敏的传感器，一旦有外来入侵者触碰到它们，我们就会下意识地打喷嚏。向外喷射气体可以把入侵者吹出体外，而对于一些"漏网之鱼"，鼻腔会分泌黏液把它们都吸附在一起，形成鼻涕。这种物理防御的最大问题是需要经常清理。随着鼻涕越积越多，鼻涕、鼻屎占据了通道，我们就会鼻塞，想擤鼻涕。

得益于人类几百万年的进化，尽管鼻子堵了，我们还能靠嘴巴呼吸。在我们的头部内侧，鼻子、嘴巴和耳朵都是连通的。鼻咽腔和口腔、喉咙相通，这就是为什么鼻涕被深深吸入后会变成一口痰从喉咙吐出来。而耳朵里面的中耳通过咽鼓管与鼻咽部相连接，鼻咽部的压力和耳朵压力一致，这也正是当飞机起飞时可以通过咽口水来缓解耳朵胀的原因。

曾经有一项有意思的研究，比较了擤鼻涕、打喷嚏和咳嗽对鼻子产生的压力，结果发现擤鼻涕时产生的压力是其他两种活动所产生压力的 10 倍。如果擤鼻涕时捏紧了双侧鼻孔，并且过分用力，这种压力就会更大。在巨大的压力下，鼻涕可能会逆流成河，钻进鼻窦并通过咽鼓管涌向中耳腔，让鼻涕弥漫在头部内侧的鼻窦、咽喉和耳道，

鼻涕里的细菌有可能诱发感染，鼻窦炎、咽炎和中耳炎就由此产生。

人类的气管、食管和耳道都是相通的

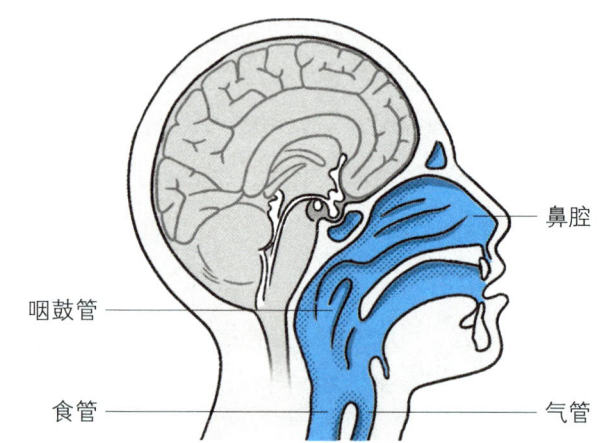

鼻塞时可以用嘴巴代替鼻孔进行呼吸，耳胀时可以通过吞咽来缓解耳膜压力。陆地上生存的哺乳动物都有这种构造，它有利于嗅觉、味觉和听觉的连通，但也容易呛水，还会让细菌、病毒在通道里乱窜。

擤鼻涕也有大学问，大力不能出奇迹，细水长流更顺畅。

养护身体 TIPS：科学擤鼻涕法

擤鼻涕时不要太用力，身体应竖直略往前倾，闭上嘴巴，用手指压闭一侧鼻孔，另一侧鼻孔以正常力度向外喷气，将鼻涕擤出。

如果鼻涕太黏稠，擤不出来，可以往鼻孔里喷一些生理盐水，再用上面的方法擤鼻涕。如果鼻子完全不通气，可以使用一些促进鼻腔血管收缩的滴鼻剂或吸入剂，等通气了再擤，千万不要相信"大力出奇迹"。记得要在鼻孔前方准备接纳鼻涕的手帕或纸巾，擤完之后要洗手。

❶ 用手指压闭一侧鼻孔，另一侧鼻孔以正常力度向外喷气，将鼻涕擤出。

❷ 如果鼻子完全不通气，可以用滴鼻剂或吸入剂，等通气了再擤。

❸ 擤完鼻涕后要洗手。

15 单边嚼东西

单侧咀嚼的后果，除了大小脸，还有掉下巴

因为牙疼或长期的不良习惯，有的人喜欢用一侧牙齿来咀嚼食物，这样不仅毁牙还"毁容"。经常嚼东西的那侧脸越来越大，久而久之就会造成左右面部大小不同，形成大小脸！且不说下巴关节时不时酸胀，无意中一个哈欠还会让下巴合不起来，真是烦死了！

其实，这是患上了颞下颌关节紊乱病。颞下颌这个关节的结构和功能或许大家并不了解，但这里发生的问题却一点儿都不少见，比如咀嚼东西时脸部一侧疼痛、有弹响，有时候嘴巴不能张大，打个哈欠都不自在。

每天吃饭、说话、做表情时，我们都在做开口闭口的活动，这些复杂且频繁的活动都依赖于灵活的颞下颌关节。将手指放在脸部两侧耳屏（外耳门前的突起处）的前方，用力张大、闭合嘴巴，就能感受到它的活动了。它就像自行车的小齿轮，周围的肌肉、韧带就像链条，"链条"通过一系列活动可以启动和中止颞下颌关节的开合活动。关节表面缺损增生、周围肌肉痉挛、关节周围充满炎症，就相当于齿轮生锈、链条张力过大、链条与齿轮的啮合不匹配。老自行车在骑行途中时常发出吱呀吱呀的声音，其原理就和张嘴闭嘴时颞下颌关节发出弹响声一样。如果把嘴张大后关节合不回去了，就相当于自行车的链条掉了。如果在张大嘴巴想要吃个汉堡，或者无意中打个哈欠时，下颌骨不能顺利地卡进颞骨中，就会发生掉下巴的情况（也就是颞下颌关节脱位）。

人类的颞下颌关节

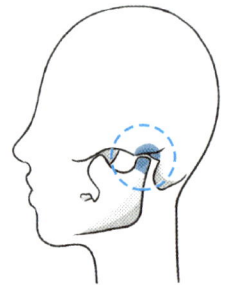

随着进化,人类学会了加工食物,不需要单凭强大的咬合力来咀嚼食物,颞下颌关节和周围肌肉也就变得相对薄弱了,因此也就容易出现疼痛和关节紊乱、脱位等问题。

老爱咬紧牙关,也会导致颞下颌关节紊乱

正常人的上下牙齿,一天内只有在大概 1 小时的进食时间里是呈用力咬合状态的,其他时间都应该分开两三毫米,互相之间不会发力,也不会给颞下颌关节造成压力。但是,当我们处于焦虑、紧张、生气等状态时,会忍不住咬紧牙关,有时我们还会吃吃小零食、嚼嚼口香糖来放松心情。在这样的情况下,颞下颌关节得不到休息,时常过度受力,就会发展出颞下颌关节紊乱。

单侧咀嚼、过度咬牙都会引起颞下颌关节周围肌肉紧张、炎症积累,经年累月就会导致下巴开合时有弹响和疼痛感,当这个问题出现时,光靠热敷和休养就已经不太管用了。

科学锻炼法:纠正颞下颌关节紊乱

纠正颞下颌关节紊乱的关键是放松嘴巴,改掉单边咀嚼和长期咬牙的坏习惯,采用"颞下颌关节休息位"来充分调整。如果出现了关节弹响的情况,通过1个月的纠正,颞下颌关节周围的肌肉就能得到放松,关节也会恢复正常。

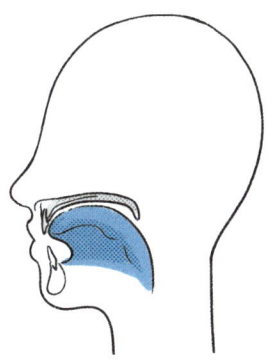

❶ 轻轻地闭上嘴,让上下牙齿之间距离保持在2~3毫米,牙齿不要咬在一起。

❷ 舌头放松,不要用力,平展舌头,让舌头像吸盘一样贴在上腭及牙齿后面,收紧下巴,放松面部肌肉,用鼻子呼吸。

❸ 掌根放在两侧颞下颌关节上，从前往后绕圈按压 1 分钟，然后再从后往前绕圈按压 1 分钟。注意力度不要太大，力量不要只集中在关节处，周围的肌肉也要一起按压。

工作时，我们要相信团队的力量，不要让一人孤军奋战。吃东西时，我们也要"雨露均沾"，不要让一侧独自承受。

16　毛巾横着拧 >>>

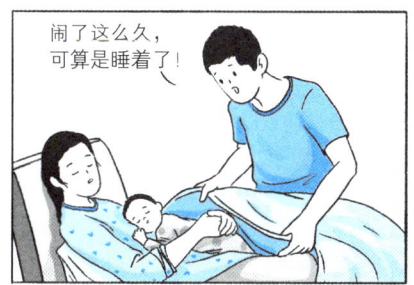

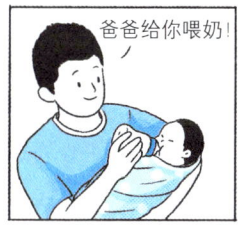
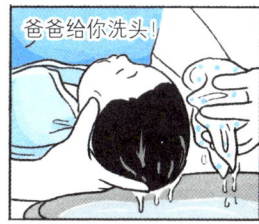
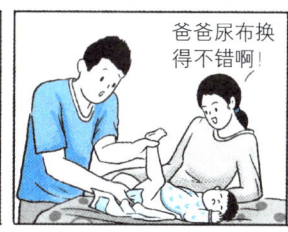

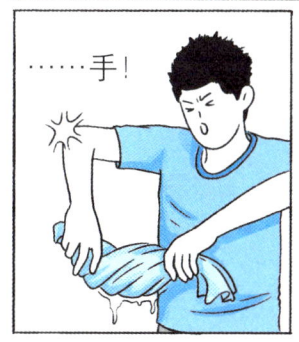

为什么拧毛巾也能拧出"网球肘"

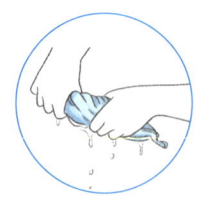

手臂持续发力太久时，我们会感觉到手肘外侧疼痛，疼起来时连握拳都使不上力气。很多人碰到这种症状的第一反应就是想到"网球肘"，但"网球肘"只是个通俗的叫法，它的专业名称应该是"肱骨外上髁炎"。

在握拳、拧毛巾、擦玻璃时，手部需要牵动前臂外侧的肌肉才能发力，这些肌肉的一端连在手指上，另一端连在手肘外侧。在我们用力弯曲手肘时，手肘处会有一块骨头明显突起，它作为各种肌群的集中附着点，受力的负担不小。

当这里的受力超出肌腱所能承受的最大限度时，肌腱就会出现微小的撕裂，当持续的微小撕裂累积到一定程度时，则会引起肌腱变性。在运动或劳动中，人们手部握拳的姿势会让前臂肌肉持续紧张，此时如果肘部做来回弯曲的活动，就很容易引发手肘外侧总肌腱附着点劳损。

手臂肌肉在抓握东西时频繁收缩，或者手肘关节长时间过度活动，就会导致前臂多条肌肉疲劳，作为肌肉附着点的发力肌腱就会产生明显的疼痛感。

在拧毛巾时，我们都会下意识让双手一左一右来发力，这样拧毛巾，一侧手肘要过度向外伸出，非常费力，时间久了我们的手肘还会很不舒服。

拧毛巾时，我们应该尝试把双手一左一右改成一上一下去拧，这样的方式会比原来更容易发力。这是因为在这个发力动作下，手腕只做出了小幅度的转动，却能牵动更多肌肉，发出更大力气。而一左一右的方式需要转动手肘，不仅前臂的发力效率比较低，而且也容易造成肘关节劳损。

脆弱的肘关节

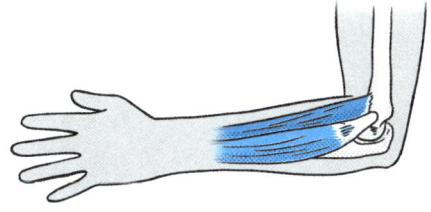

前臂和手肘的构造

我们的前臂较短，作为发力的杠杆，所能持续发出的力量较小，肘关节要承受的压力较大。

横着拧毛巾的动作

横着拧毛巾时，一侧手肘过度向外伸出，时间久了我们的手肘就会很不舒服，毛巾也拧不干。

如何判断自己的肘关节
是否出了问题呢

如果经常抓握东西，过度使用前臂外侧肌肉，就会导致肌腱变性、退化和撕裂，逐渐形成无菌性炎症，进而导致我们平时很容易有反复疼痛酸胀的感觉。想知道肘关节是否出了问题，只需要伸直手肘，将一只手平放在桌面上，另一只手用力压住平放的手，然后用力抬起平放的手。如果这时候手臂的肘关节有明显疼痛感，那八成是已经出现肱骨外上髁炎了。

我们身上的肌肉就是这么脆弱又敏感，有时候只要改变一个小小的动作细节，就会带来想象不到的改善。

科学锻炼法:缓解"网球肘"

虽然"网球肘"并不一定是打网球导致的,但我们可以使用网球来缓解症状。手肘酸疼是表面问题,想要缓解它,我们更应该关注前臂肌肉。

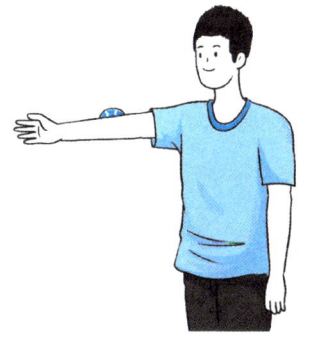 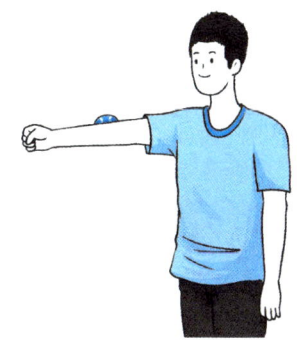

❶ 肩膀放松,手肘略微伸直,用前臂把一个网球抵在墙壁上。
❷ 轻轻捏紧、松开拳头,随着前臂肌肉的收缩和舒张,轻轻发力并感受网球带来的按揉。
❸ 重复 30 次为 1 组,每天早晚可以各做 1 组。

17 脖子大回环 >>>

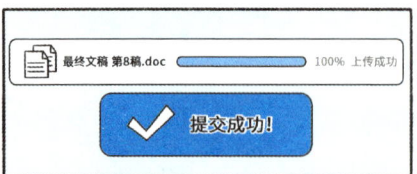
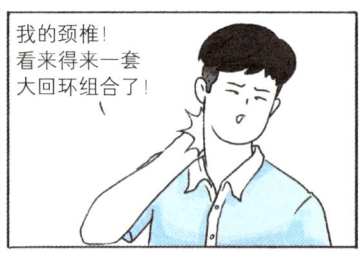

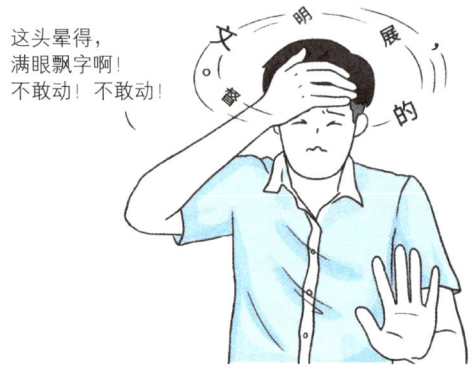

为什么我们大幅度转脖子后会头晕、头痛

工作时间久了,很多人都有颈部僵硬、酸胀的感觉,然后就会下意识给头部来个360°大环绕,以打通每块颈部肌肉。

随着咔咔的声响,有时候我们会突然感到后脑勺一阵触电般的刺痛,紧接着整个头部晕、痛的感觉就扩散开来。很多人把它归结为大脑供血不足,但其实这个问题的主要原因是枕大神经受到牵拉。

枕大神经是第2颈神经后支的内侧支,分布在后脑勺的两侧,从头颈后面的发际线处开始,一直放射到头顶。

枕大神经的出口边上正好是非常细小的头夹肌和头半棘肌,这些肌肉非常容易疲劳或者被拉伤。

当颈部活动范围过大时,这些细小的肌肉就会被过度拉伸,从而对枕大神经产生牵拉;当这些小肌肉发生疲劳肿胀时,也会对枕大神经产生压迫,然后就会引起头晕或者头痛。

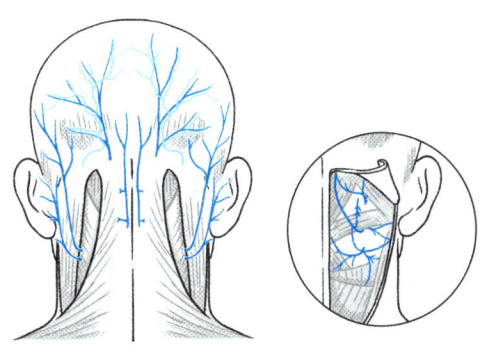

枕大神经

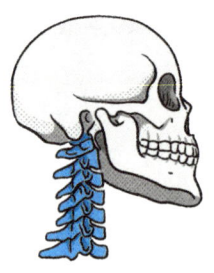

人的颈椎只有 7 节

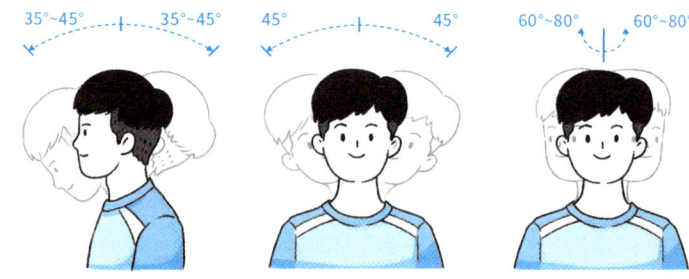

颈椎可活动的范围非常有限

要注意活动颈椎时发出的 3 种声音

1. 咔咔响

这种清脆的弹响声是正常的关节声音,就跟弹响指的原理差不多。如果没有特殊症状,不要过于紧张。

2. 沙沙响

捻纸头一样的沙沙响大多是粘连肌肉伸缩时发出的声音,这样的肌肉用手摸起来又硬又凉。发出这种响声是颈椎周围肌肉劳损的表现,局部炎症会使肌肉之间的滑动不够顺畅。一般稍微活动后，肌肉恢复弹性，沙沙响就会消失。

3. 嘎嘣响

大幅度转脖子最容易引起的是嘎嘣响。转到一定角度时发出的嘎嘣一声，大多是骨头和韧带（或肌腱）撞击发出的声音。如果颈椎稳定性不足，随着嘎嘣响还容易出现小关节扭伤。

这些声音只为简单的日常自查提供参考，真正的颈椎病不只会出现颈椎弹响，还会伴随很多其他的症状。所以，如果只有关节的弹响，没有其他不适，就不用担心得了颈椎病。

伴有如下症状，可能是患上了颈椎病

如果脖子疼痛，肩膀、上肢出现放射痛与麻木感，那么可能患有神经根型颈椎病；如果走路不稳，身上有束带感，出现了手拿不住东西或精细动作能力变差等情况，那么可能患有脊髓型颈椎病；如果有头晕、恶心、心慌、耳鸣的症状，那么可能患有交感型颈椎病；如果眼前发黑、走路猝倒，那么可能患有椎动脉型颈椎病。

如果出现以上症状，建议到医院就诊。

> 当你还在摇头晃脑地"放松"颈椎时，嘎嘣响的声音就是给你最直接的警报。

科学锻炼法：放松颈部小肌肉

日常想要放松颈部小肌肉，其实并不需要做那么大幅度的拉伸和收缩，只要让肌肉保持一定的伸长量，再不断地给它施加外力，就能安全又高效地完成放松。这种颈部小肌肉锻炼方法被称为"等长收缩"，可以让肌肉在可控的拉伸范围内达到很好的锻炼效果。

如果大幅度转脖子已经导致头晕、头痛的症状了，那么你也不必惊慌。首先停止这种大幅度转颈活动，然后要到医院找专科医生。临床上还是有很多办法可以帮助大家解除病痛的。

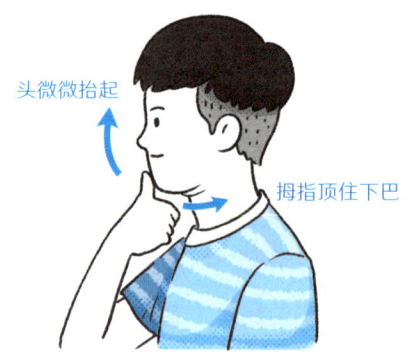

头微微抬起

拇指顶住下巴

❶ 坐姿，目视前方，下巴内收，微微挤出"双下巴"。
❷ 大拇指轻轻顶在下巴正面。
❸ 头微微抬，感受大拇指和下巴的对抗。
❹ 保持 1 分钟。

18 用力敲键盘 >>>

第 2 章 了解我们的姿势 / 111

为什么灵活有力的双手，有时却那么脆弱

说到人类文明的形成，直立行走和使用工具是两大里程碑，而使用工具的能力正取决于大脑对手腕、手掌、手指的精细掌控。需要足够力量的时候，五指并拳给出重击；需要灵巧操作的时候，五指各司其职，这些都依赖于复杂、详细的手部肌肉控制。

手腕由 8 块形状大小各异的骨头组成，手臂的肌肉穿过它们延伸到不同手指，就像控制提线木偶一样精细地进行操控。复杂的肌肉和关节，使每根手指的灵巧度和力量都得到了保证。

延伸到每根手指的肌腱、神经和血管都从手腕经过。考虑到"排线"的安全性和稳定性，手腕处的腕横韧带就成了集线器。腕横韧带也被称为"屈肌支持带"，它横跨在手腕下方最两侧的腕骨之间，形成一条通道，让各种血管、肌腱、神经从中穿行，这条通道也就是我们常说的"腕管"。

当手背过度上翻的时候，手腕内侧会有收紧感，其实就是这根腕横韧带被收紧，从而保护手腕下方的那些重要组织。

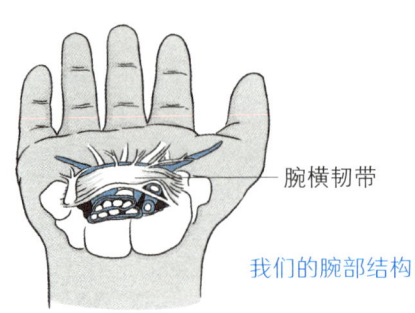

腕横韧带

我们的腕部结构

小心！手腕过度背屈会导致"鼠标手"

我们的手不光有力，还非常灵巧。但是为了保护精密的手部发力系统，手腕背屈的角度有限。腕管可以让手部在发力过程中不易受伤，但也极大地限制了手腕背屈的活动范围。

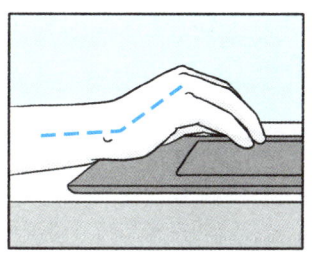

现代工作方式给我们的双手带来了巨大挑战。每天都会接触到的键盘和鼠标，可以说是"手腕杀手"。当台面高度不合适时，手腕不得不过度背屈地去敲击键盘、滑动鼠标。这个姿势下，腕横韧带完全被收紧，使得腕管空间变小，血管、神经长时间受压，手腕就容易肿胀，还会有局部刺痛感或麻木感，麻木感会顺着神经放射到指尖。这就是典型的腕管综合征，也被称为"鼠标手"。

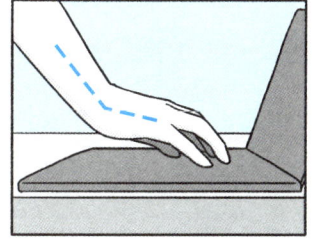

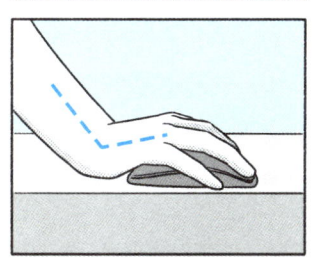

使用键盘和鼠标会让
手腕过度背屈

灵巧的双手让我们拿起工具站上食物链顶端，但想要用好这些工具，重要的是技巧，而不是力量。

科学锻炼法:放松手腕训练

为了保护好灵巧有力的双手,我们必须温柔对待手腕。要将鼠标和键盘调节到合适的高度,即坐姿时,上臂与地面垂直时肘部的高度,这样手指接触键盘、鼠标时,手腕就不会背屈过度,腕管不会持续受压。另外,使用键盘、鼠标时,手臂不要悬空,这样也能减轻手腕压力。打字和移动鼠标时要靠臂力带动,减少手腕受力。最好每隔25分钟活动一下手腕。

推荐2种放松手腕的日常训练方法。

方法1 腕关节拉伸训练

❶ 腕关节背屈90°,推墙。
❷ 保持4~5分钟,建议每工作1小时拉伸1次。

方法2 握力训练

❶ 准备一个灌满水的水瓶,拧紧瓶盖,握在手中。
❷ 保持手腕水平,用力捏水瓶,做握力训练。

19 握笔太用力

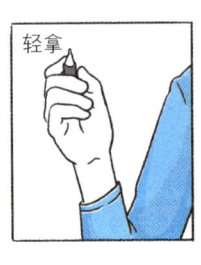

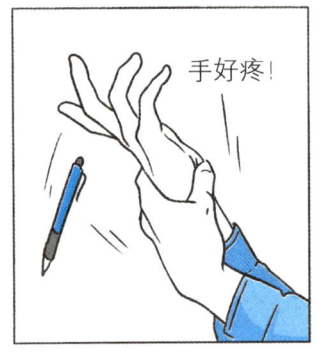

为什么握笔太用力时，字写得不好看，手还容易累

人类的双手可以做各种精细活动，也因此可以自如地使用工具。这种精细活动的关键不在于力量有多大、速度有多快，而在于可重可轻，收放自如。例如握笔时，通过食指灵巧活动让笔尖在纸面上发力，以此做到"手笔合一"。

如果你写过黑板字的话，就能发现，在竖立的平面上写字要比在水平的桌面上写字更困难。在黑板上写粉笔字时，只能用食指和拇指捏住粉笔，对手指力量和灵活运笔的要求更高。

其实在桌面上写字时也应这样发力。但从小到大，我们总习惯用更大的力气来运笔，3根手指不够就用5根，手指控不好笔就用上手腕和手肘。姿势越来越紧张，手指越捏越紧，传到笔尖的力也越来越大，但精细控制力变得越来越弱，字也越写越丑了。

这种发力方式，让我想到螃蟹的蟹钳。比起收放自如的人类手指，螃蟹的蟹钳那真是"大力出奇迹"。吃过螃蟹的人都知道，蟹钳又粗又短，里面满满都是肉。正是因为蟹钳的关节数量更少，肌肉更厚实，蟹钳才更容易发力闭合，而且是越夹越大力。但这副大钳子却很难做一些灵巧的工作。

人类的手是很高级的器官，每根手指各司其职，能精准协调、收放自如。当5根手指形成合力时，就能像蟹钳一样有力量。但写字是个精细活动，想要轻松写出一手好字，重点在于该出力的地方出力，该放松的地方放松。

人类手指和螃蟹"手指"的差异

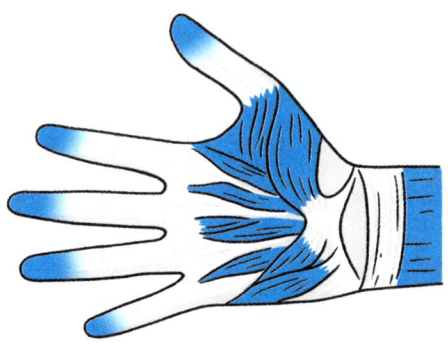

人类的手

人的一只手上有 5 根手指,活动时每根手指各司其职。若写字时过于依赖最有力的大拇指,不仅字写得不好看,手还容易累。

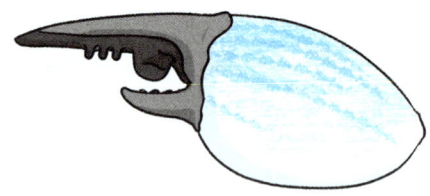

螃蟹的蟹钳

螃蟹的一只"手"上只有 2 根"手指",蟹钳关节少,肌肉又粗又短,这种肌肉更有利于充分发力,但精细控制能力却不足。

不正确的握笔姿势有什么危害

握笔姿势不正确的话,不光手指不会发力,甚至还会引发"蝴蝶效应"——坐姿受到影响,视力受到阻挡,长时间积累还会加重近视,导致脊柱侧弯。有数据显示,80%的儿童握笔姿势存在问题!所有的错误握笔姿势都有一个共同特点——手部肌肉过度紧张。如果写字又慢又累,中指容易磨出老茧,还动不动就把纸戳破,那就说明手指的发力已经过大了。

手里握着一把沙子,攥得越紧,沙子流走得越快。写字的道理也一样,用力过猛反而越写越糟。凡事都要从容、放松。

养护身体 TIPS：正确的握笔姿势

握笔写字时，一定要做到握笔轻松，手腕放松。食指和拇指发力捏住笔杆，中指在下方支撑笔杆，但不要过度发力。无名指和小指与桌面接触，呈放松状态，随时配合运笔时各关节的动作。

写字时，可以在小指和无名指的内侧塞一个纸团，以此来锻炼这两根手指，使其呈虚空放松状态。而对于食指，要通过多加练习和集中注意力来调整发力。

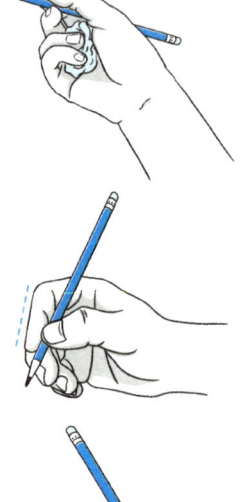

❶ 先把食指的位置调整好，食指握笔高度低于拇指。小指和无名指内侧可以塞一个纸团。

❷ 食指关节第 2 段弯曲，第一指节不要弯曲，让食指充分和笔杆接触。这时，已经可以感受到自然轻松的握笔姿势了。

❸ 使用食指带动笔尖，往下按压，逐渐加力。写字主要依靠食指发力。

20 经常侧卧睡 >>>

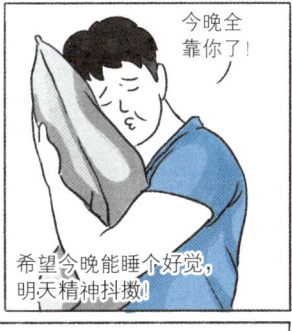
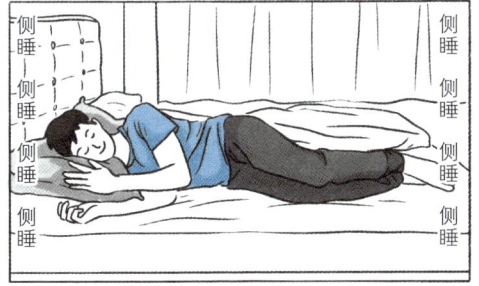

侧着睡是最放松、最健康的睡姿吗

很多人是不是都有过这样的体验：一觉醒来脖子一侧又酸又痛，怎么拉伸都缓不过来；明明睡觉时没有感到不舒服，爬起来却腰酸背痛，像半夜被人打了一顿；白天坐了一整天，腰酸背痛，睡了一觉不但没放松，腰和背反而更酸胀了……

绝大多数人睡觉时都是侧着睡的。虽然比较推荐这种睡姿，但其实这种睡姿不太稳定，很多人睡着睡着就变成侧卧了。侧卧时，肩膀相对于骨盆的位置会有所旋转，当肩膀持续对脊柱施加扭矩时，脊柱会因偏离中立位而持续受力，从而产生疲劳。

中立位，简单来说，就是脊柱的正面投影是一条直线时的状态。从侧面看，颈部后侧到后背部的高度差大约是一个拳头的宽度。而从正面看，一侧颈部到同侧肩部顶点的距离大约是一个半拳头的宽度。所以，如果侧躺时用的是和平躺时一样高度的枕头的话，枕头就太低了。枕头过低导致头歪向一边，睡久了就容易落枕。而且，由于侧睡时身体的腹侧缺少被子的充分覆盖，人会下意识地把身体蜷起来，以保护腹侧的重要器官，长时间蜷起身体睡觉也容易加重驼背。

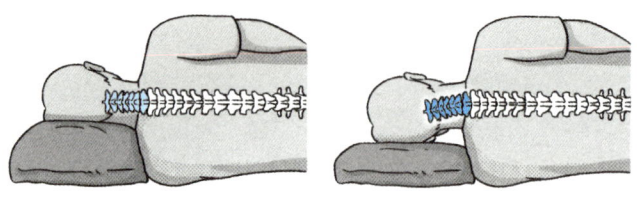

枕头高度对颈椎的影响

睡觉时,床垫的软硬度也至关重要

为了让脊柱保持中立位,使生理曲线在睡眠中保持自然,我们必须让身体得到足够的外力支撑。这就要靠我们的睡眠工具去实现了。对于中背部和下背部的支撑,能起到最重要作用的就是床垫。

要较真儿的话,从理论上来说,每个人都需要一个定制的床垫。由于每个人的性别、体型、体重分布和睡眠习惯等都不同,每个人身体的不同部位也都应该对应不同弹性特性的表面,这样才能保证脊柱的不同部分都能保持中立位。

侧睡时床垫软硬度对脊柱的影响

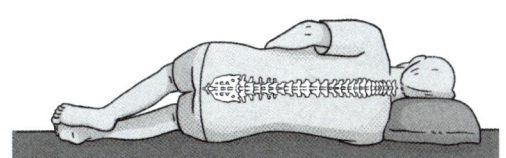

床垫软硬度适中时的脊柱形态

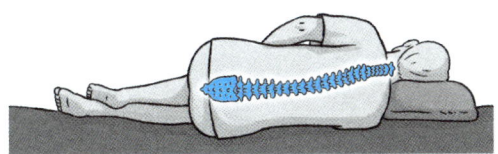

床垫过软时的脊柱形态

床垫过软会让身体下陷,脊柱为了维持正直的形态就会让周围肌肉额外发力;床垫过硬会让身体"硌得慌",身体频繁翻身难以入眠,也会影响休息。

养护身体 TIPS：正确的侧睡方式

如果已经习惯了侧睡的姿势，也不必强行改回平躺，否则反而容易睡不踏实。针对一些特别不服帖的地方，可以尝试借助枕头来查漏补缺。侧睡时，可以稍微把枕头加高一些，使枕头高度达到一个半拳头的宽度。同时，也可以在膝盖中间夹一个小枕头。因为侧睡时，上面那条腿会往下偏，从而带动腰部歪斜，所以需要夹一个枕头来撑住上面那条腿。把枕头夹在腿中间也能帮助脊柱在侧睡的时候保持中立位，防止身体因翻来覆去变换姿势而造成骨盆和肩带扭转。

睡觉可是人生的头等大事，但凡有睡得更舒服的方法，都值得咱试一试。

21 歪头斜眼看 >>>

时常歪头斜眼看东西，会有什么危害

人的眼睛长在脸的正面，这也使得我们总是"向前看"。两只眼睛同时获得的视野信息映射到大脑里，通过融合交叉，才能使我们获得立体空间感。但歪头斜眼看东西的人，往往都是依靠一只眼睛来看东西，大脑接收到的只有一只眼睛看到的画面，也就不能分辨空间内物体的位置关系了。双拳难敌四手，一只眼睛的视野当然会比双眼的视野小很多。

歪着头用一侧眼睛看东西的不良习惯容易引起斜视。斜视是临床上常见的一类眼科疾病，患者由于眼球位置或眼球运动异常引起了双眼视轴分离，双眼不能同时注视目标。斜视恰恰是在歪头姿势下想要看清东西时所产生的自我调节导致的。主视眼看到的画面信号越来越强，而另一侧眼睛看到的信号会被屏蔽或无视，大脑以此来避免融合的画面出现重影。这种身体自我调节的过程，往往是我们察觉不到的。随着年龄增大，不太看东西的那一侧眼睛，散光和近视程度会逐渐加重。

如果你双眼的视力差异很大，而且平时的确习惯歪着头用单侧眼睛看东西，那你可能或多或少已经有斜视的趋势了。不要担心，这种错误姿势引起的问题，是有办法通过物理治疗的方式矫正的。首先要矫正眼镜度数，尽可能让两侧眼睛矫正后的视力一致，这样就不会因为一侧眼睛看东西不清楚而下意识地过度使用视力好的另一侧眼睛。另外，可以尝试双眼协调训练。

"立体视"和"侧面视"

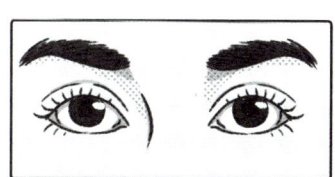

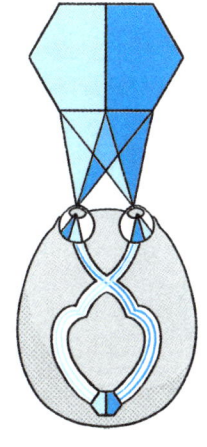

捕食者的"立体视"

几乎所有捕食者的眼睛都长在脸的正面。以人类为例,双眼的视野集中在正面,通过交叉融合,可以获得更精准的空间透视关系。在捕猎中,立体视可以更好地帮助捕食者定位,准确地抓到猎物。

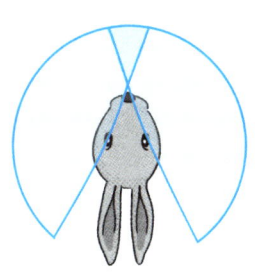

被捕食者的"侧面视"

而被捕食者(食草动物)的眼睛几乎都长在脸的两侧。以兔子为例,双眼的视野从侧面出发,大范围地覆盖周边,可以让兔子尽快发现周遭可能存在的危险,及早逃离。

科学锻炼法：双眼协调训练

双眼协调训练可以帮助双眼在看东西时同时对焦，加强立体视觉。推荐一种最简单也最有效的"渐进推近练习"。

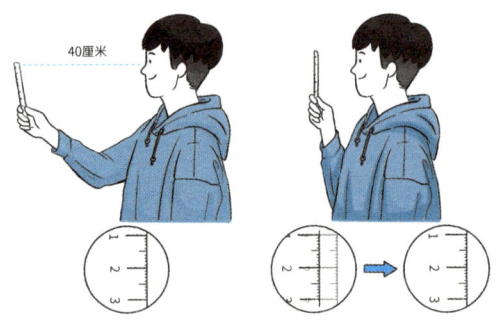

❶ 拿一把尺子放在距离眼睛 40 厘米的位置。

❷ 仔细看尺子上的细小刻度和数字。

❸ 把尺子缓慢向眼睛移近，直到看到的刻度和数字不再清晰，出现重影为止。

❹ 把尺子移到离眼睛最近，且刻度和数字又清晰的位置，保持 10 秒。

❺ 再把尺子慢慢移回 40 厘米的位置。

❻ 重复以上步骤，每天练习 10 分钟。

之所以能眼观六路、耳听八方，是因为我们有灵活的头脑和颈部。

22 抬臂擦玻璃 >>>

为什么肩关节特别容易受伤

欲戴皇冠,必承其重。作为人类全身活动度最大的关节,肩关节也是最不稳定的关节。它的结构就像研磨杵和研磨臼,但研磨的不是粉末,而是一大团黏糊糊的面团。虽然研磨杵可以转动到各种角度,但如果角度过大,或受到过大的力,被过度碾压的面团就很容易被扯断。

肩关节活动损伤的原理就是这样,研磨杵是上臂的骨头,研磨臼是肩关节盂(像鱼唇一样的关节接口),黏糊糊的面团就是肩关节囊。肩关节在充分活动下仍能保持稳定,离不开有弹性的关节囊和周围强健的肌肉、韧带。

我们的肩关节

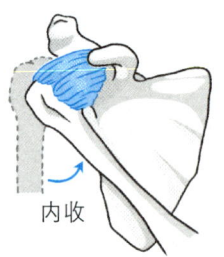

内收

向前内侧扭转的韧带充分展开,从而增加上臂的内收活动度。

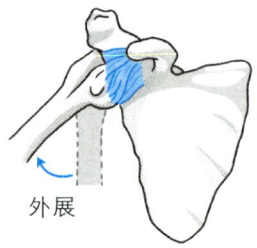

外展

向前内侧扭转的韧带长度缩短,从而限制上臂的外展活动度。

哪些人更容易发生肩关节损伤

尽管人类的肩关节活动范围非常大，但是其不稳定的结构特别容易引起受伤。

抬起肩膀把手臂举高过头顶时，肩关节在这个角度的活动度已经达到了极限，在这时如果继续转动肩部，用胳膊画扇形的方式来擦窗户，那么肩关节周围的关节囊和肌腱、韧带会受到牵拉和撕扯，有可能损伤、发炎，引起剧烈疼痛。

研究发现，中老年女性更容易出现类似损伤，这可能和平时勤劳地抬臂擦窗户有关。而那些在健身房疯狂"撸铁"练肩部的年轻男性，同样也属于高发人群。年轻人挑战自我、过度训练，摇摇晃晃地勉强支撑器械，也很容易造成肩膀周围软组织的损伤。

如果在做家务或健身时不慎拉伤到肩膀，痛到抬不起手臂，建议尽早找物理治疗师进行详细的检查，明确病因和损伤部位，进行更有针对性的治疗。热敷可以有效扩张周围血管，帮助炎症从局部排出，能让肩部肌肉得到放松。

如何用正确的姿势擦玻璃

归根结底,唯有纠正错误的发力姿势,才能从根本上解决病灶。擦玻璃的时候尽管发力不算大,但我们也要尽量让手臂保持在胸口高度。如果需要够到更高的位置,建议找个椅子站上去来垫高,这样就可以保证上臂和躯干的夹角不会超过 90°,在这样的安全范围里发力擦玻璃,才不会引起更大的损伤。

> 每个关节都有固定的活动和发力范围,不要总是试图去挑战它们的"底线"。

科学锻炼法:手指爬墙操

肩关节的活动度很大,在日常生活中,我们总是强迫肩膀在极限状态下完成活动。因此,每天睡前我们要记得多多呵护它。通过轻微肩部拉伸,我们可以有效防止微小损伤所带来的炎症积累。切勿过度拉伸,如果有疼痛现象请减缓训练。

下面这套手指爬墙操,分为正面爬墙、贴墙爬墙和侧身爬墙,可以有效保持肩关节活动度,在各个角度给予肩关节全方位的拉伸。

正面爬墙

❶ 面对墙壁,手掌轻轻贴在墙上,手肘保持略微弯曲。手指带动手掌、手臂向上运动,直至感到疼痛,停留10秒,然后收回。

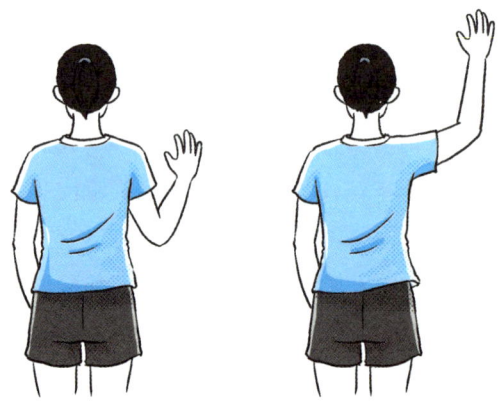

贴墙爬墙

❷ 正面贴墙站立,做与上述相同的动作。

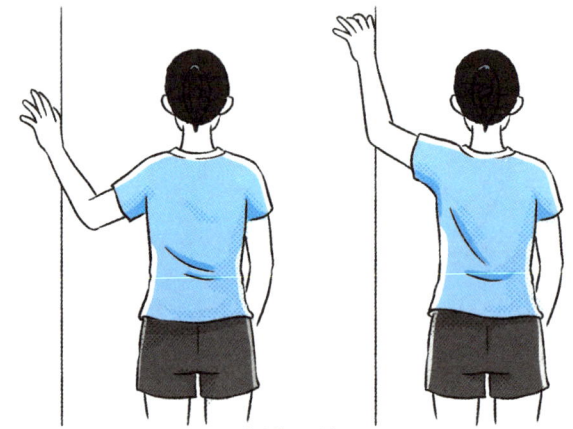

侧身爬墙

❸ 身体与墙壁成 90°,做与上述相同的动作。

❹ 每个角度做 5 次。着重训练不舒服的一侧肩膀,动作一定要慢。可以在墙上标记手指所达到的最高点,每天向上增加 1 厘米。

PART 4
玩

23 拇指划手机

为什么灵活有力的大拇指，玩个手机也会受伤

从原始时期到现代社会，人类正因为有大拇指才能熟练使用各种工具。人类能站上食物链的顶端，很大程度上也是依赖大拇指。别看大拇指只有两根骨头，看起来不怎么灵巧，但它发挥了其他修长的手指无法比拟的重要作用。

因为大拇指和其他四指的位置相对，我们的手就可以握持东西、掰碎食物。有了大拇指，我们就不会在打猎、吃饭这类事上耗费太多精力，也就有充足的时间来创造。这也让我们人类和其他灵长类动物拉开了差距。

正是因为有大拇指，人类在演化进程中才逐渐创造了文明，推动了科技进步。而在现代社会，我们却让大拇指承受了它本不该承受的压力。玩手机时，我们大部分的操作都是从下往上翻阅，这让擅长从外向内发力的大拇指不得不重复地从内向外发力。

掌指关节区域

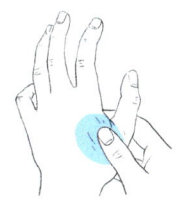

如果在大拇指活动时，掌指关节区域出现疼痛或肿胀，那就表示你可能患上了腕掌关节紊乱症或大拇指腱鞘炎。大拇指异常方向活动过多，导致疲劳累积，就会引起这些问题。

我们的手和黑猩猩的手

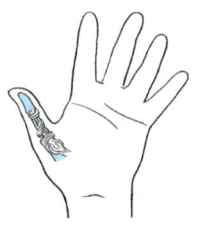

我们的手

与黑猩猩的大拇指相比，我们的大拇指看起来修长多了。虽然我们爬树的时候不那么灵活，但我们大拇指的力量却能绝对碾压其他灵长类动物。我们大拇指下方的大鱼际非常发达，可以支持我们更好地完成对握动作。

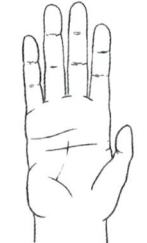

黑猩猩的手

同为灵长类的黑猩猩，虽然也会使用工具且比较灵活，但它们常年抓树，有4根手指足够长就够了。拇指因为不太会被用上，所以变得非常短。黑猩猩的手掌也比较扁平。

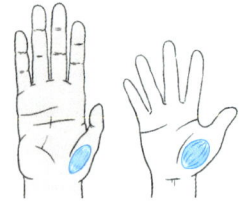

拇指肌肉大小的比较

黑猩猩的拇指肌肉占手部肌肉的24%左右，但是我们的拇指肌肉占比达到了39%左右。

生活中我们不能以貌取人，粗短的大拇指虽其貌不扬，却是整只手最不可或缺的"团队核心"。

科学锻炼法：缓解拇指关节酸胀

互联网用兴趣算法抓走了我们的注意力，让我们不知不觉就在短视频的海洋中迷失了很久，大拇指也在我们毫不知情的情况下劳损了。当出现拇指关节酸胀时，我们要多捏捏拳，少摊摊手。这里我推荐一个锻炼方法。

❶ 吸足气，用力握拳。
❷ 用力吐气，依次伸出小指、无名指、中指、食指及拇指，左右手各做 10 次。

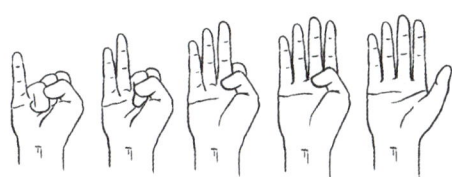

啊啊啊，我的大拇指这么短，更刷不了手机了……

第 2 章　了解我们的姿势

24 趴着玩手机 >>>

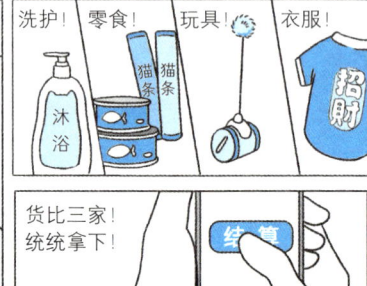

为什么我们不能像猫咪一样舒舒服服地趴很久

猫咪的背部肌肉是与它四足爬行的姿势相适应的,而我们的背部肌肉则更加适合直立行走。

猫咪的脊柱呈穹顶状,它们发达的背部肌肉能牢牢地固定住胸廓,这样四足走的时候胸廓就不会掉下来。然而,人类长期直立行走,根本不需要担心行走时胸廓会掉下来,所以人类的背部肌肉主要适用用于直立行走,也不像猫咪的背部肌肉那样发达。

当我们趴着的时候,原本适用于维持直立行走姿势的背部肌肉不得不持续发力。时间久了,背部负责维持姿势的肌肉,如颈夹肌、胸最长肌、胸半棘肌等脊柱两侧的肌肉就会发炎、受伤,全身酸痛的感觉也会袭来。

为什么有些人趴久了会手麻、脚麻呢?那是因为背部负责姿势维持的肌肉下面密密麻麻地分布着神经,这些神经负责控制四肢,所以肌肉肿胀、发炎直至压迫神经后,背部就会刺痛,手脚也会跟着发麻。

有两种方法可以缓解这种不适感。一种方法是垫个小枕头,就是趴着的时候在小腹和胸口下面分别垫一个软软的小枕头,这样玩手机时肩膀不用使太多力就能保持想要的高度,背部肌肉也不会因持续拉伸、发力引起发炎。另一种方法是做个猫式拉伸,这个动作能充分拉伸背部和肩部肌肉,缓解背部肌肉的疲劳。

我们的背部肌肉和猫咪的背部肌肉

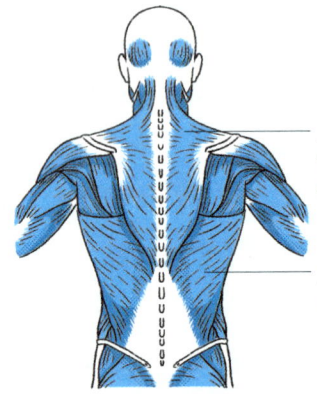

只适用于维持头部位置和转动脖子的斜方肌

只适用于直立转身的背阔肌

我们的背部肌肉

我们的背部肌肉比动物的背部肌肉要薄得多,适用于直立姿势,不足以提供趴着所需要的力量。

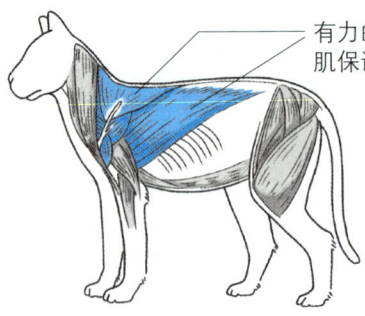

有力的斜方肌与背阔肌保证躯干不往下掉

猫咪的背部肌肉

猫咪的背部肌肉很强壮,可以防止躯干下坠,所以猫咪可以长时间四肢着地趴着。

科学锻炼法：猫式拉伸

学习猫咪的姿势，做个猫式拉伸。这个动作能够彻底让背后的肌肉伸展开，有助于改善背部的血液循环，缓解背部肌肉的疲劳。而且猫式拉伸能够同时且充分地拉伸背部和肩部，有助于矫正姿态，对脊柱也很好。

❶ 跪坐，臀部落在双脚脚跟上。身体前倾，抬臀，双手于身前撑地，大腿与地面垂直，手臂伸直与肩同宽。

❷ 抬头，眼睛向上看，翘臀，腰背部向下用力，脊柱充分伸展。

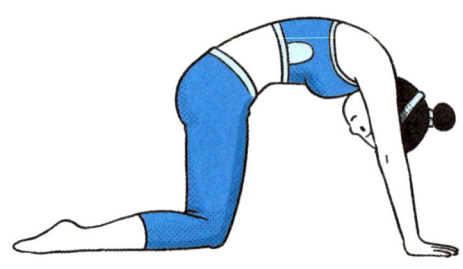

❸ 低头,下巴触向胸骨,脊柱呈弓形,腰背部拱起,腹部向上、向内用力。放松,休息。

脊柱下沉时吸气,拱背时呼气。在动作中要充分感受脊柱的伸展和压缩。拱背时身体呈弓形,压背时充分伸展腹部。

有时候我们也要向猫咪学习,不光要学它们处变不惊的态度,还要学它们多做做背部拉伸。

PART 5
矫枉过正

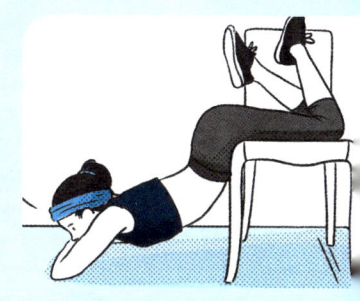

25 健步养生党 >>>

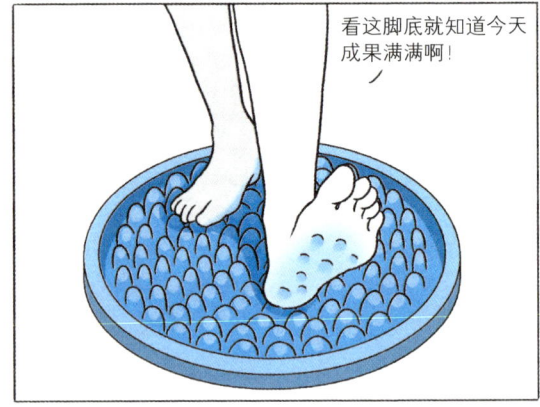
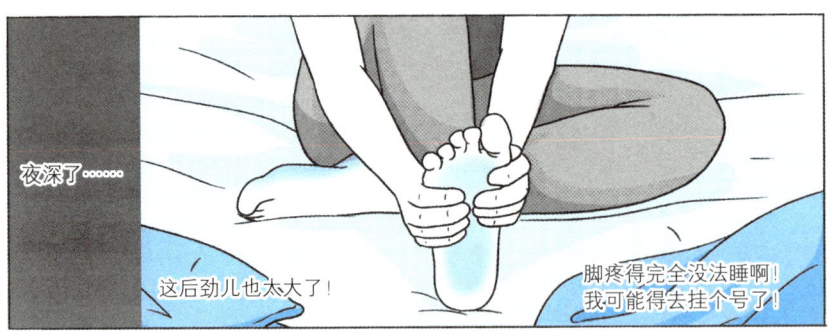

赤脚走鹅卵石路真的能放松脚底肌肉吗

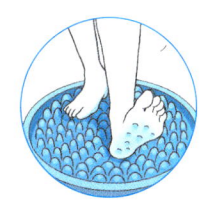

"饭后百步走"很健康,刺激脚底穴位很养生,于是"健步养生党"把两者有机地结合到了一起,在鹅卵石或指压板上赤脚走。可走着走着,非但没起到多少保健效果,反而走进医院的疼痛门诊了。

鹅卵石路刺激足底穴位的做法是受到中医经络远端取穴的启发,当足底穴位受到不同程度的按揉时,刺激直通到对应的五脏六腑,气血通了,全身就自然健康了起来。

虽然现代科学仍然没有明确解释足底穴位直通脏腑并改善健康的机理,但足底穴位按摩的技术已经流传了千年,可能也是有一些道理的。这种从不相干部位去治疗目标部位的做法,在现代神经解剖理论中也有类似的应用。

脚底板僵硬确实与很多问题有关。大腿后侧腘绳肌紧张、腰肌挛缩等都和脚底板有关。

现代人的脚整天都在鞋子里被保护得很好,脚底板的活动性和柔韧性也就越来越差。赤脚走在地面上,用一些突起物轻轻地去刺激脚底板,的确有助于提升脚底板的感觉敏感性和活动灵活性。

还记得那个脚下踩网球的小测试吗?那个测试就证明了脚底板按摩可以放松整个身体的背侧肌群。但是,前提是轻柔缓慢地踩。如果赤脚踩在坚硬的鹅卵石上,全部体重压下去,足底筋膜非但不会放松,甚至还会损伤。

许多来门诊看脚底板痛的患者,他们的足底筋膜都出现了不同程度的拉伤和炎症，就像是被拉到极限的橡皮筋一样，只要再给它多一点点的压力，就会紧绷和胀痛，患者也会因此无法站立、行走太长时间。如果这个时候再频繁地赤脚，用全部的体重踩鹅卵石按揉足底筋膜，就很容易引起足底筋膜撕裂、受伤，疼痛也会随之发作。

我们足部的三角形结构

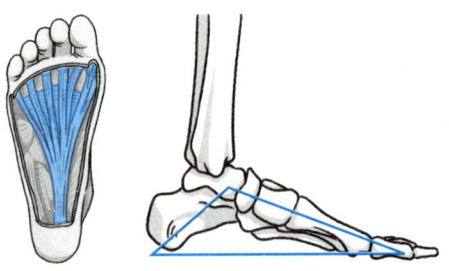

足底筋膜在足弓下形成"弹簧垫"

三角形最稳定，脚部和地面接触时需要这样的稳定性，但我们的足底筋膜（即三角形的底边）比较脆弱。

如果感觉脚底紧绷、有疲劳感，应该怎么做

如果你时常有脚底紧绷的问题，那就代表你的足底筋膜比较脆弱，且没有弹性了。先天扁平足的人，其足底筋膜更容易感到疲劳。运动

过度或者运动损伤后康复不当都会促使足底筋膜失去弹性。这时候，可以做一些轻缓的放松运动（例如第 76 页的足底筋膜放松方法），而不是用全部的体重踩凹凸不平的路面。胡乱地大力揉压只会使得状况越来越糟。

所以说，大家不要把鹅卵石路看作促进全身健康的工具，而是可以把它当成测试自己到底健不健康的工具。如果你的足底筋膜弹性极佳，那么你在鹅卵石路上走路时应该是不疼的；但如果你的足底筋膜弹性不太好，那你一旦踩上去，就会痛得要命。

不是说在鹅卵石路上赤脚踩久了，就会变得健康，而是只有脚底健康的人，才可以在鹅卵石路上踩得久。

科学锻炼法：缓解足底疼痛

如果已经感觉到足底疼痛，那么说明你的小腿肌肉已经开始紧绷了。小腿肌肉会在脚跟处间接连接足底筋膜，无论运动过度还是脊柱问题都会导致小腿肌肉紧绷，从而间接造成足底筋膜弹性下降。对小腿进行拉伸和局部放松，可以有效缓解足底筋膜紧绷。

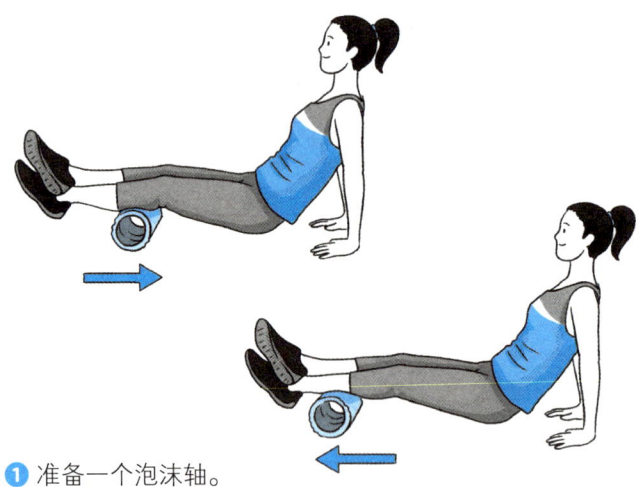

❶ 准备一个泡沫轴。
❷ 坐在地上，双腿交叉，下侧小腿放在泡沫轴上。
❸ 双手向后撑地，上半身核心肌肉收紧，后背挺直。
❹ 在小腿酸痛处轻微滚动30秒，换另一侧腿。每一侧腿分别做2次。

26 跑步姿势党

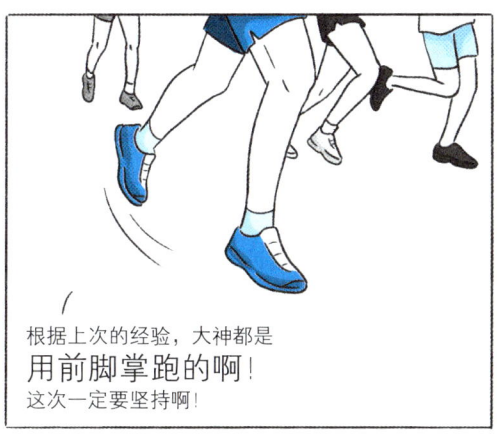
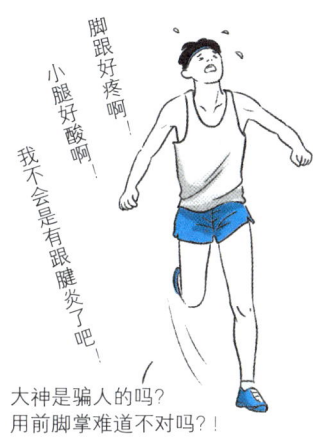

跑步时，应该用脚后跟着地，还是用前脚掌着地

说起科学跑步，许多"跑步姿势党"都会侃侃而谈。无论是脚后跟着地还是前脚掌着地的跑法，都有一大批拥趸。

用脚后跟着地，跑起来好像节奏很舒适，可为什么跑久了我们会膝盖疼？

用前脚掌着地，跑起来很轻盈，可为什么没跑几步，小腿就酸胀得跑不下去？

我们如果把跑步动作分解来看，会发现每一只脚在着地时都单独承受身体重量，并用力把身体蹬离地面，因此单脚着地时，这只脚需承受至少 2 倍体重。在这一点上，走路和跑步很不一样，走路时的任何时间内都至少有一只脚与地面接触着，所以当单侧脚着地时也只需要承受 1 倍的体重。

人类走路只有脚后跟着地这一种方式，从着地到离地，身体受到的冲击分成两部分往上传递，无论是脚后跟着地受到的地面反作用力，还是脚趾蹬离地面所需要的力，都不会带来太大的冲击，所以很少会有人纠结走路时怎么着地才能更安全。

但考虑到跑步时所产生的冲击力，着地方式就不能被忽视了。用打拳击来举例，脚后跟着地相当于赤手空拳打向墙面，此时拳头可以很快停下来，但手会很疼；前脚掌着地相当于戴着拳击手套用同样的力打向墙面，手套会帮拳头缓冲外力，拳头不会那么快停下来，但也不会很疼。足弓的足底筋膜和小腿肌肉的跟腱就是帮助"拳头"慢下

来的"手套"，在脚着地时，它们可以吸收冲击力，让我们跑起来更轻盈。

其实，无论哪一种着地方式都有利有弊，脚后跟着地对关节冲击过大，前脚掌着地容易拉伤跟腱和肌肉。

选择合适的跑步着地方式

慢跑

脚后跟着地，跑得久。

快跑

前脚掌着地，跑不久。

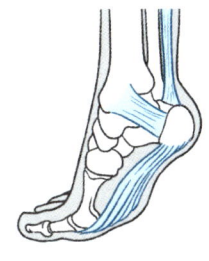
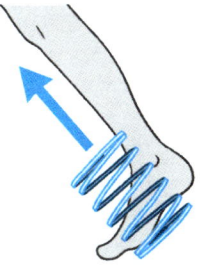

前脚掌着地时的受力

前脚掌着地时，脚趾参与活动，足底筋膜良好的弹性可以让人跑得更快。这种方式更适合短跑时高效发力。

跑步时更应关注的是上半身的姿势

我们可以仔细看看马拉松运动员的跑步姿势。其实他们早就不纠结于用脚后跟还是前脚掌着地了,他们的关注点在于脚部着地位置是否在身体重心下方。他们迈腿时没有刻意跨大步,着地时腿也没有用力去蹬离地面,可他们每一步却能跑出超过1.5米的距离,为什么呢?原因就是他们的上半身有足够的前倾角度。

训练不够的人,身体在这种前倾角度下会失去平衡,同时腹侧肌肉紧张,导致身体后仰。

想要跑得更快、受伤更少,平时就要多锻炼髋部的活动度,多加强上半身的协调能力。

无论你相信何种跑姿理论,都不妨放下纠结,向前跑起来,迈出第一步,脚踏实地地去感受跑步带给你的改变!

科学锻炼法：送髋训练

想要跑步时让脚习惯性地在臀部下方着地，就要学会用髋部带动下半身，也就是"送髋"。日常训练可以增强髋部与下肢的协调性，有效预防跑步损伤。

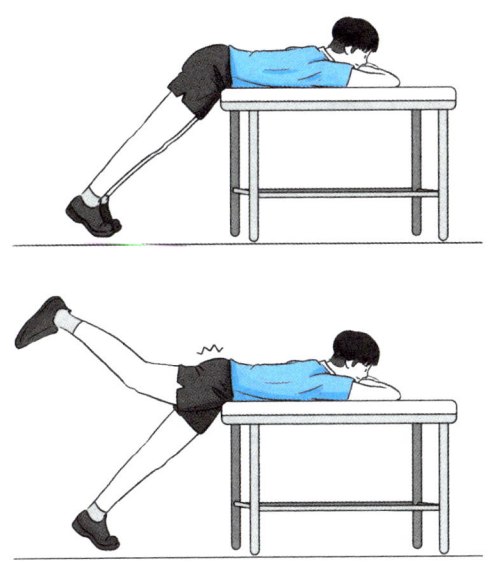

1. 身体趴在桌面上，一侧腿伸直，踮脚着地。
2. 另一侧脚底朝向后上方，臀部发力，带动大腿将小腿往后上方推拉。用 10 秒左右的时间缓慢抬起，保持 2 秒，再用 10 秒左右的时间缓慢放下。
3. 左右两侧各训练 12 次为 1 组，可做 3 组。

27　运动防护党 >>>

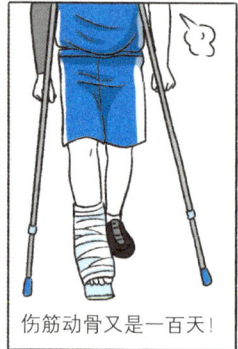

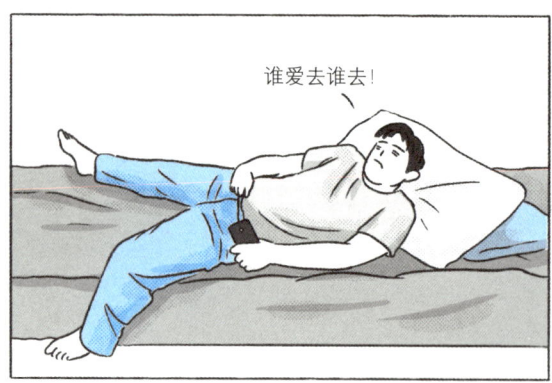

为什么崴过的脚总会习惯性地扭到

脚踝扭伤,即我们常说的崴脚,是最常见的运动损伤。70% 的崴脚者都会出现疼痛和失稳的后遗症,之后再次扭伤的概率很高,而这种慢性踝关节不稳也是"习惯性"崴脚的主要原因。

作为直立行走时全身唯二与地面接触的大型活动关节之一,踝关节拥有非常复杂的结构。在踝关节部位,两根粗细、长短不一的小腿骨与足部多块不规则的小骨头相连,三角韧带在各块骨头间连接,来保证踝关节内外侧的稳定。

崴脚主要会拉伤踝关节周围用于维持稳定的韧带,韧带若损伤、发炎,就会疼痛、肿胀。

许多"运动防护党"对伤病特别谨慎,养伤期间会缠上厚厚的绷带,穿上坚固的防护靴,拄着拐杖,闭关静养。

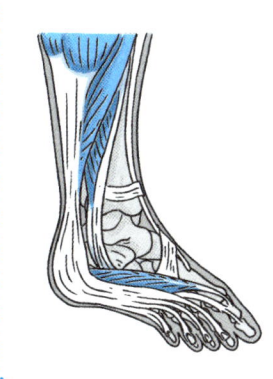

我们的脚踝

在脚踝周围,足底筋膜、跟腱和相关肌肉构成强力而精密的整体。

随着一定时间的静养，韧带损伤引起的炎症会逐渐被吸收，脚踝肿痛也可以得到缓解。但韧带周围的末梢神经其实还没有完全恢复，踝关节周围的本体感觉功能仍然处于受伤的状态。

周围神经感应到踝关节各部位的受力后，直接通过肌肉、韧带收缩来协助踝关节维持稳定，这就是本体感觉功能，它是踝关节保持稳定最重要的部分。这种功能一旦受损，就会如同魔咒一般，导致人接二连三地崴脚。

过度防护，不光耽误康复，还会增加受伤风险

许多人在运动中一旦扭到了脚踝，为了避免再次扭伤，最先想到的就是用护具加固脚踝。最常见的方法就是在脚踝周围包裹一层层绷带或者在脚踝上穿戴厚重的护踝。

绷带弹性很差，但非常强韧，用"8"字绕法包扎在脚踝周围的绷带可以使脚踝和脚跟被稳定住。但这种手法需要大量练习，自己照葫芦画瓢地绕"8"字包扎，十有八九不能达到加强稳定的作用。

穿戴式护踝又硬又厚，提供的稳定度比不上绷带，而且其松紧难以调节到合脚的状态。运动时候佩戴护踝反而可能增加受伤风险。

我平时在门诊中遇到过许多因过度防护而出问题的案例。厚厚的颈托、把腰椎牢牢包裹住的护腰，虽然具有防护力，但会导致颈、腰部的肌肉力量在不知不觉中减弱。一旦脱去防护，肌肉难以维持稳定，

就非常容易扭伤。

完全限制活动的防护会不可避免地引起身体的依赖，减慢本体感觉和肌肉功能的恢复速度。

> 正确的康复训练，不是杯弓蛇影似的躺平静养，也不是揠苗助长般的强行训练。我们要多些耐心和勇气，让受伤的部位重新学会应对复杂多变的世界。

科学锻炼法：踝关节平衡性训练

对普通的运动爱好者来说，脚踝扭伤之后最好的应对方法还是充分休养，并做一些系统的康复训练。其中最重要的是对踝关节本体感觉进行训练。大家可以根据实际情况，在不同阶段采用不同难度来强化。

第一阶段 脚踝肿痛刚刚缓解

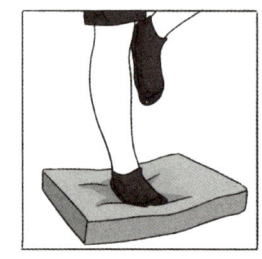

脚踝扭伤一侧的脚踩在海绵软垫上，单脚站立维持稳定，每次 30 秒，每组做 4 次，每天睡前做 3 组。

第二阶段 已可正常行走，但剧烈运动时仍会酸痛

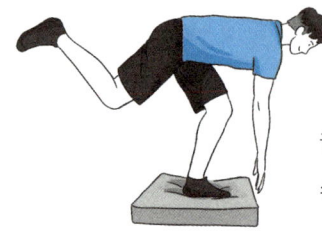

在单脚站立的基础上，尝试下蹲或体前屈，每次 30 秒，每组做 4 次，每天睡前做 3 组。

28 排便困难党 >>>

蹲便？坐便？哪种姿势更友好

哺乳动物和部分爬行动物进化出了大肠这个器官，其最大用处就在于储存排泄物，确保动物可以控制排泄的时间，在想要排泄的时候再排泄。如此一来，动物们既可以保证自己的排泄物不会暴露自己的气味和行踪，避免被天敌捕获，又可以保持自己的巢穴卫生清洁。

在过去，大多数人都是使用蹲便器来方便的。随着时代的进步，蹲便器逐渐被坐式马桶取代。可加热的马桶，加上一本引人入胜的厕所读物，如厕体验更是升级迭代。但近年来，许多研究都提出，其实按照人体构造，人类更适合蹲着上厕所。

对于直立行走的人类来说，耻骨直肠肌会对大肠出口位置的直肠产生持续牵拉，促进便便顺利排出。研究发现，比起蹲便时，坐便时耻骨直肠肌的拉拽力更大，导致直肠没办法变得足够直，便便也就容易被卡在平坡的位置，不太容易被排出体外。

此外，坐便姿势下腹部的压力会比蹲便姿势下大很多，排便需要花更大力气，这也就意味着腹部周围的血管压力增加，长期下来更容易引起深层静脉栓塞，造成痔疮等问题。

尽管如此，很多人还是无法习惯蹲着上厕所，因为"蹲下去很难站起来，长时间蹲着对膝关节不太好"。其实，应该是膝盖已经不好了才导致蹲不下去，而不是蹲久了对膝关节不好。

如厕姿势直接影响排便是否通畅

坐便时

坐便姿势下,耻骨直肠肌拉拽直肠,会使直肠形成一段"缓坡",这样便便的排出就会不通畅。

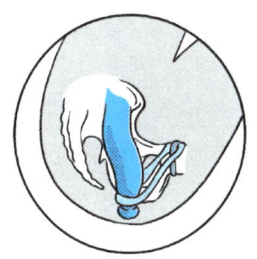

蹲便时

蹲便姿势下,耻骨直肠肌对直肠没有拉拽,直肠近乎垂直朝下,就更容易让便便从体内排出。

无论你是"蹲派"还是"坐派",都不用太过纠结。最重要的还是执行力——有了感觉就快速解决问题,而不要为了解决问题才去找感觉。

养护身体 TIPS：轻松"蹲马桶"的方法

那有什么方法可以让我们轻松地"蹲马桶"呢？

给大家分享一个方案：在使用坐式马桶的时候，用一个小板凳把脚垫高，这样既接近蹲便的姿势，同时又不用承受蹲姿所带来的下肢关节压力负担。

有研究显示，这个小板凳只要足够高，让上半身和大腿的夹角小于35°，人体的姿势就非常接近于蹲便的姿势，这时候肛门处直肠的角度变得足够大，我们即便不用很大的力气，也能比较顺畅地排便。

除了改变坐着上厕所的习惯外，还要多吃一些高纤维的蔬菜、水果，这样也可以使排便更加顺畅。

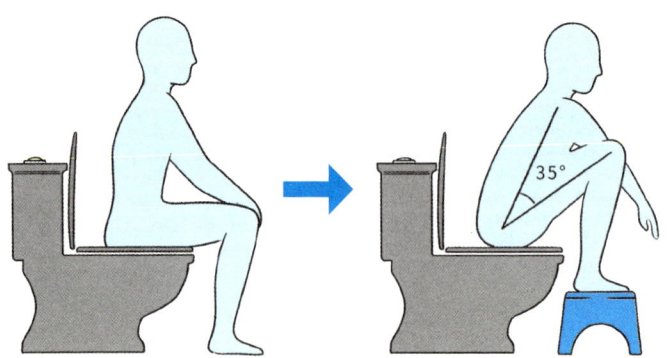

29 挑战姿势党 >>>

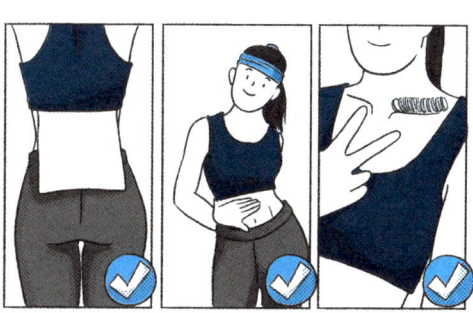
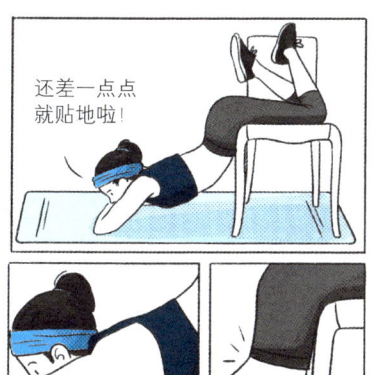
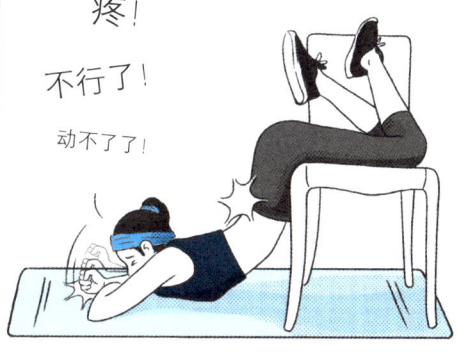
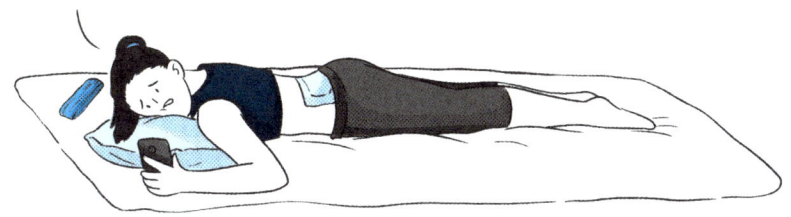

解锁新姿势，要注意量力而行

网上隔三差五就流行起一些新的锻炼动作和拉伸姿势。造型新奇，姿势优美，引各路豪杰竞相挑战。但这些动作和姿势最终都会随着时间的流逝消失在公众视线外。就拿曾经风靡一时的"漫画腰"挑战来说，挑战者需要把双膝搭在座椅上，然后身体向地面"俯冲"，直到胸口贴到地面，这样腰部就会被充分拉出曲线。

经典的锻炼动作之所以成为经典，就是因为经过了时间的沉淀与洗礼。而这个"推陈出新"的"漫画腰"挑战，虽然姿态优美、别具一格，却有个硬伤——如果挑战者对身体缺乏足够的控制，就特别容易引起腰椎过伸。

腰椎的正常活动限度为前屈 45°，后伸 20°，侧弯 30°。当腰椎向后伸展超过了正常幅度时，就会出现腰椎过伸。同时，如果双腿不小心从椅子上滑下，或者胸口突然受力过度，都会引起腰部活动幅度过大、腰背部突然受力，进而非常容易引起腰椎扭伤或者腰肌拉伤。

我们脊柱的主要作用是维持直立，如果让我们像蛇一样妖娆地扭动腰肢，那真是个挑战！脊柱本身更侧重于稳定，而且两侧的椎旁肌肉少得可怜，这些肌肉的主要功能是控制上半身过度向前屈，对于反过来向后仰的过伸姿势却无力保护。如果脊柱活动度过大，就容易引起关节扭伤或肌肉拉伤。

健身锻炼没有捷径，也不用标新立异。找到适合自己的经典动作，把它们做到位，一直坚持下去，时间会给你一份满意的答卷。

我们的脊柱和蛇的脊柱

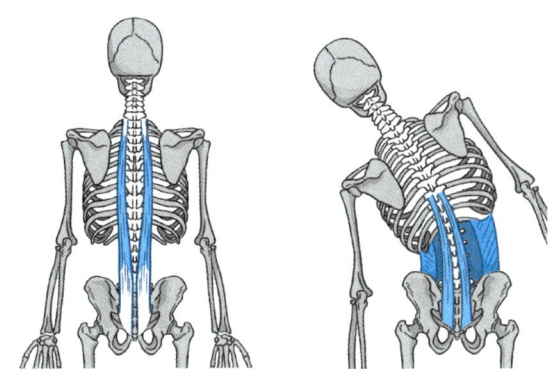

我们的脊柱

我们脊柱周围的肌肉退化到只要能维持站立平衡的状态即可,不再适应主动发力。过度活动会给这些肌肉带来很大的负担,一不小心就容易造成肌肉拉伤、小关节扭伤。

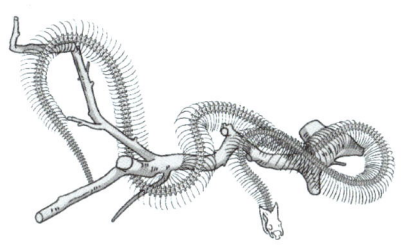

蛇的脊柱

蛇的脊柱节数非常多,脊椎之间的连接方式也保证了脊柱充分的灵活度。在蛇的脊柱周围分布着好多层发达且灵巧的管状肌肉,甚至可以说,蛇的身体几乎就是由肌肉构成的。

科学锻炼法：强化脊柱两侧小肌肉

拉伸固然重要，但是肌肉的强化也不能忽视，只有两者兼顾，体态才会优美。推荐两个强化脊柱两侧小肌肉的动作：山羊挺身和俄罗斯支撑转体。

山羊挺身是很多人都熟悉的动作，这个动作以臀部肌肉发力为主导，竖脊肌发力为辅助，有强化竖脊肌的作用。俄罗斯支撑转体则经常被用来练腹斜肌，其实这个动作是由腰部力量主导的，很多人练完后可能腹斜肌没感觉，但腰部很酸。

方法1 山羊挺身

下半身固定不动，上半身在前屈45°、后伸20°之间重复。速度放缓，10次为1组，每天做3组。

方法 2 俄罗斯支撑转体

双膝微弯,双脚离地,腰背挺直,手肘放于胸前,身体分别向两侧旋转30°,50次为1组,每天做3组。

不要老想着挑战新姿势,把目光放远,来挑战科学的锻炼姿势,50年后仍保持好体态!

30　土法健身党 >>>

清早 6 点天蒙蒙亮，雾气弥漫的公园里……

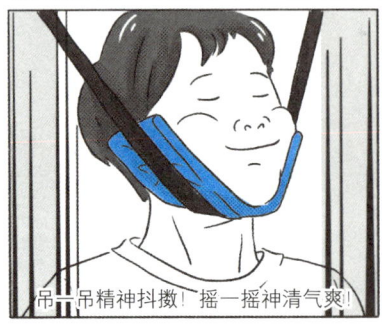

看起来很吓人的上吊牵引法，对颈椎有好处吗

刷小视频时，我们总能看到各种各样奇奇怪怪的锻炼方法，对于我来说印象最深的当数上吊牵引法了。

根据原理来看，这种锻炼方法应该可以被称为自重颈椎牵引术，但和去医院里做的牵引相比，它可是激进多了。这种上吊牵引法甚至还有进阶版，有的人不光用全部的体重吊着，还要前后左右荡秋千，360°无死角地把整个脖子都"牵引"一遍。这种牵引法，除了看起来很吓人以外，会不会真的带来危害呢？

我们要想维持颈部稳定，离不开颈椎和周围肌肉、韧带的协调配合。经年累月的错误姿势让体态逐渐转变，肌肉变得无力，颈椎椎体和椎间盘受力过度，就会发生更严重的退行性病变。椎体骨赘增生、椎间盘突出都是颈椎在不稳定状态下的应对措施。但这些加固的"非法改装"却压迫到颈椎周围的神经、脊髓，引起局部疼痛和四肢麻木无力的症状。

通过牵引的方法把骨头之间的空隙给拉开，进而让神经减压，这是最常见的关于牵引原理的说法。为了安全，一般在做牵引的时候，力度会从体重的七分之一，慢慢增加到体重的四分之一。

如果牵引重量达到体重的四分之一，效果仍然一般的话，就说明问题已经不是牵引能够解决的了。所以说，用全身的重量去拉拽颈椎，非但不会缓解症状，反而会带来严重的后果。

牵引有效，一般就是因为周围的软组织被牵拉放松了；而牵引没

有效果，可能就是因为周围的软组织过于紧绷，或是因拖了太久而出现了软组织粘连的问题，这种情况下，牵引并不会彻底把软组织伸展开来，效果也就不太好。

正规的牵引过程

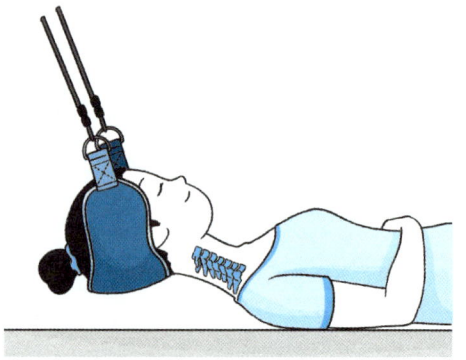

❶ 采取卧位，让颈椎处于不受力的状态。
❷ 调节好牵引的角度和牵引的力度。
❸ 最多保持 10 分钟。

鼓励大家跳出"坏姿势"的舒适圈，让身体回到正确的体态上。可有人对自己实在太狠，直接一脚迈进了"不舒适圈"，非但没解决问题，反而引出了新问题。

科学锻炼法：颈椎拉伸法

如今医学进步了，就不要再用上吊牵引法这样的土法来折腾自己了……如果你身边真的有这样牵引颈椎的朋友，不妨让他试试另一种比较安全的卧位颈椎拉伸方法。

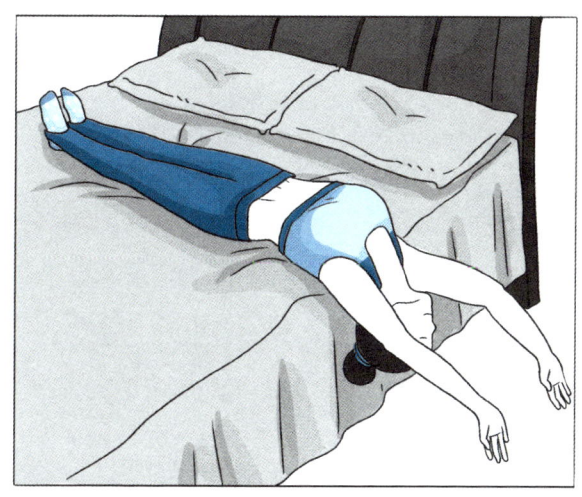

❶ 仰卧平躺在床上，把头伸到床外面。
❷ 手臂向后放，让肩膀离开床沿。
❸ 适当增加拉伸力度，保持 30 秒，深呼吸。
❹ 在可控范围内拉伸脖子周围的肌肉、韧带。

第 3 章

改 变
我们的体态

PART 1
颈肩腰保护计划 1
（站立版）

注："颈肩腰保护计划"系列动作来源于国医大师、上海市名老中医、上海中医药大学终身教授、全国著名中医骨伤科学专家施杞教授的"施氏十二字养生功"。

随时随地都可做的放松操，有效缓解颈、肩、腰不适，可以防治颈椎病、颈性眩晕、颈椎小关节紊乱、落枕、颈肩综合征、颈腰综合征、慢性腰腿痛、腰椎间盘突出症、椎管狭窄、骨关节炎、肩周炎及骨质疏松等。

准备！

双脚自然分开，与肩同宽，双手叠放在下腹部，如果戴眼镜，记得取下。全身尽量放松，进行缓慢、深长的腹式呼吸6～12次。

动作 1 洗洗脸

胸前搓双手 6 ～ 12 次，双手贴于面部，由下向上推至眉弓（吸气），拇指顺势滑向耳后再向下推（呼气），环绕按摩整个脸部 6 次。

动作 2 梳梳头

双手手指并拢略弯曲，用指尖稍用力地由前向后梳头。分别从中线、旁线、边线梳头 3 ～ 6 次。

动作 3 揉揉耳

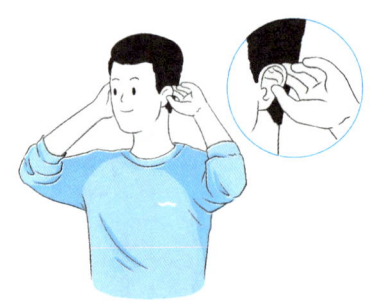

用双手拇指指腹与食指揉按并牵拉耳轮的上、中、下部各 3 ～ 6 遍，每揉按 3 次后提耳 1 下。

动作 4 搓搓脖

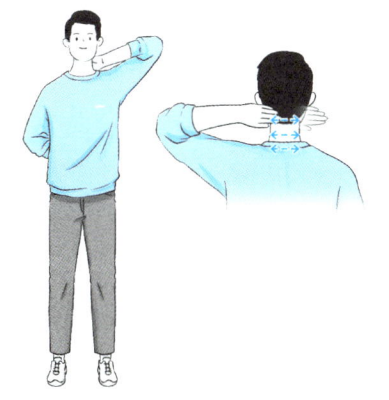

右手手背抵于腰部，左手手掌先后搓按头枕部、颈项部、大椎穴各6～12次，左右手交换，再搓按6～12次。

动作 5 松松颈

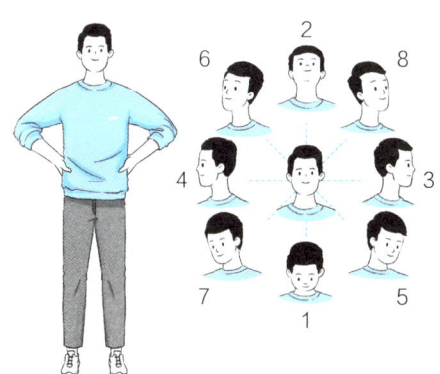

双手托腰，拇指在前，按图示顺序活动脖子。转动时吸气，还原时呼气。重复3～6次。

动作 6　按按腰

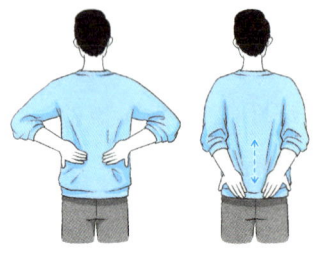

双手手心贴于腰部,先由外向里,再由里向外,各按摩 6~12 次。

动作 7　转转腰

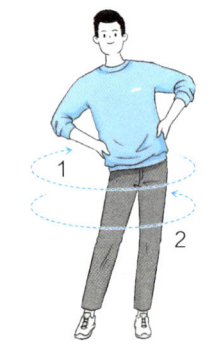

双手托腰,拇指在前,顺时针(按左、前、右、后顺序)转动腰部 6~12 次,再逆时针(按左、后、右、前顺序)转动腰部 6~12 次。

动作 8　磨磨膝

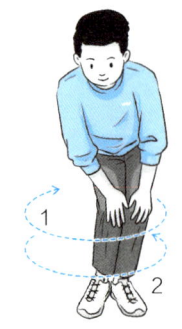

双腿并拢略弯曲,弯腰。将双手手掌放于双膝部环绕按摩 6~12 次,令膝部有微热感,再双手扶膝,先顺时针转动膝关节 6~12 次,再逆时针转动 6~12 次。

动作 9 蹲蹲髋

两脚自然分开,膝关节稍屈曲,双手手指交叉相扣,手臂环抱成圆形平举,缓慢蹲下(吸气)、起立(呼气)6～12次。

动作 10 揉揉腹

双手叠放,顺时针按摩上胸部、上腹部、下腹部各6～12次。

动作 11 吐吐气

吸气,掌心向下,缓慢抬起双臂,到略高于肩膀时,内收沉肘近胸前,双手立掌。呼气,双手配合用力缓慢前推,推至三分之一处时,猛然大吼,发出"哈"气声,重复3～6次。

动作 12　调四肢

❶ 拍臂：左臂稍抬起，掌心向上，右手虚掌自上而下拍击左肩上部、肩部、肘部、腕部、手心各 3~6 次；掌心向下，再自上而下拍击 3~6 次；左右交换，重复上述动作，各做 3 遍。

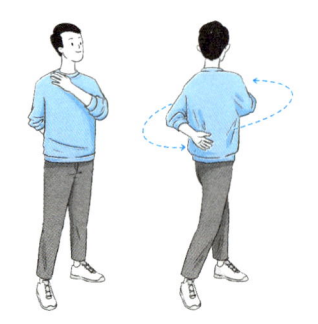

❷ 甩肩：身体向左转动，右手掌拍左肩，同时左手背拍右腰部，头顺势向左后方转；身体再向右转动，左手掌拍右肩，同时右手背拍左腰部，头顺势向右后方转。做 12 次。

❸ 宽胸：双臂自然伸展，体前交叉。先双手上举过头顶，同时身体后仰，然后双臂向左右两侧外展（吸气），近水平位时，顺势弯腰并抱臂在胸前（呼气），再直腰，上举双手，重复 6~12 次。

❹ 踏步：双腿并拢，原地踏步，抬膝屈髋，上肢顺势前后协调摆动，一左一右为1次，共做12次。

PART 2

颈肩腰保护计划 2
（坐姿版）

长期伏案工作的人群还可以做一做下面这套坐姿版的放松操,只需15分钟,坐着就可以完成全部动作,特别适合不便站立、缺乏锻炼场地的情况。

> **准备!**

坐位,双手叠放在下腹部,口微闭,舌抵上腭,全身放松,腹式呼吸6次。

动作 1 洗洗脸

胸前搓双手 6~12 次,双手贴于面部,由下向上推至眉弓(吸气),拇指顺势滑向耳后,再向下推(呼气),环绕按摩整个脸部 6 次。

动作 2 叩叩头

双手手指并拢略弯曲,用指尖稍用力地叩击头的中线 9 下,然后依次叩击旁线和边线,共重复 3 次。

动作 3 揉揉耳

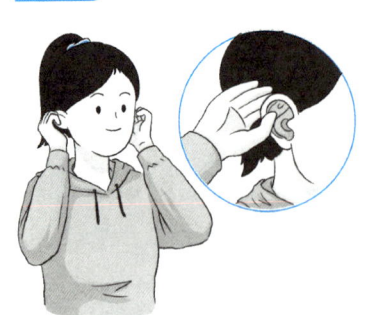

用双手拇指指腹与食指揉按并牵拉耳轮的上、中、下部各 3~6 遍,每揉按 3 下提耳 1 下。

动作 4 搓搓脖

五指并拢,右手手背抵于腰部,左手先后搓头枕部、颈项部 6 次,最后搓上背部。左右手交换,再搓 6 次。

动作 5 松松颈

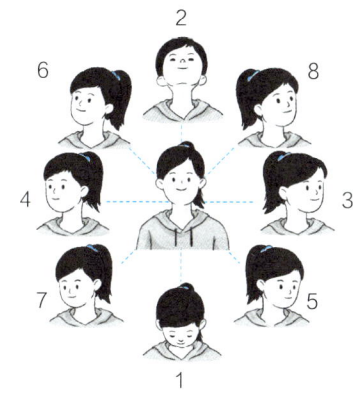

两手相叠,按图示顺序活动脖子,每次转动后还原中立位。转动时吸气,还原时呼气。重复 3 次。

动作 6 揉揉腹

双手相叠,顺时针按摩上胸部、上腹部、下腹部各6次。

动作 7 按按腰

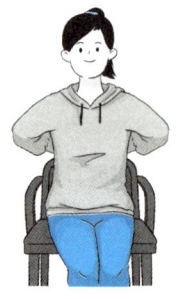

双手手心贴于腰部,先由外向里,再由里向外按摩6~12次。

动作 8 扩胸挺腰

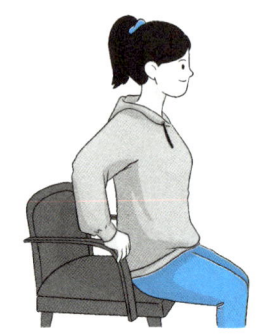

两手抓握座椅扶手,在挺腰的同时,两肩配合向后展,扩胸时吸气,还原时呼气。共重复6~12次。

动作 9 拍拍臂

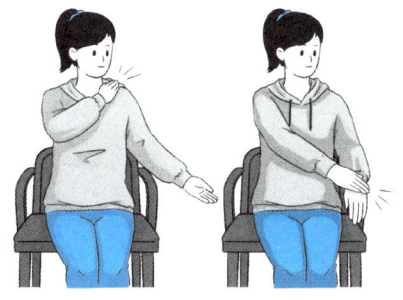

左臂稍抬起,掌心向上,右手虚掌自上而下拍击左肩上部、肩部、肘部、腕部、手心各 6 次;左手掌心向下,再自上而下拍击 6 次;左右交换,重复上述动作,各做 3 遍。

动作 10 抬抬腿

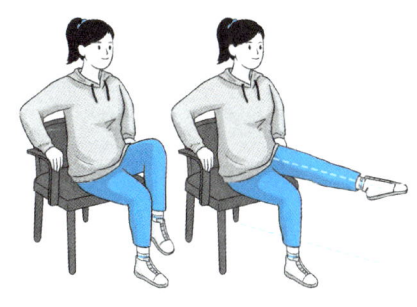

❶ 抬腿伸足:双手抓握座椅扶手,先左膝屈曲抬起,然后缓缓伸膝,重复 6 次,再换右腿。

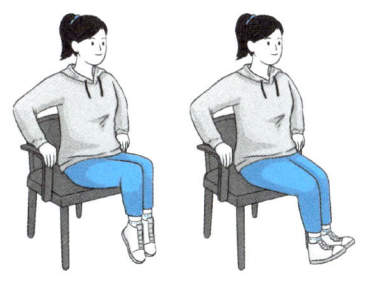

❷ 脚跟脚尖:双腿并拢,先脚跟抬起离地,做跖屈,然后还原,脚尖抬起,做背屈,交替重复 6 次。

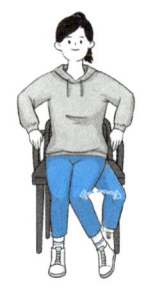

❸ 分腿：双腿分开，先左足尖点地，做外展、内收各 6 次，然后换右腿做 6 次。

动作 11　抹抹腿

左腿屈髋、屈膝置于右膝上，左手扶按左膝关节，右手抹按左小腿的内侧面、前面和外侧面各 6 次；右手掌放于左脚内踝处，向前抹按至外踝，来回 6 次。左右交换，重复上述动作。

动作 12　结束动作

❶ 舔齿：双手叠放于下腹部，唇微闭，以舌尖在唇齿之间按顺时针舔摩牙齿及牙龈各 6 次，并吞津 1 次，重复 3 遍，然后逆时针重复 3 遍。

❷ 叩齿：舌尖舔上腭，轻轻叩齿 12 次，吞津 1 次。重复 3 遍。

后记　　我的"破圈"之路 >>>

我们其实一直在被定义,一直在别人给予我们的意义中工作、生活。

我从小就是个很特立独行的人,不想随大流,总想探索新鲜事物。但是,我又是个好学生,会忍不住去追求"小红花"。为了这个目标,我学习特别努力,本科学医后继续深造,选了骨科,硕士毕业继续读博士,博士期间去了纽约州立大学石溪分校,读了生物医学工程。从骨科临床医学到生物医学工程,算是从医学到工程学的跨界了。

毕业以后,我留在三甲医院里开始了临床和科研工作。刚工作的时候,自我感觉还挺不错,但"医学博士""海归""三甲医院骨科医生"……各种标签就像双刃剑。外界会对你投来好奇的眼光,圈内也会给予你严苛的要求。那时候就隐隐地感觉到,我不能被这些标签所定义,不能活在别人对我的刻板印象里,我应该回归初心,做一些自己想做的事儿。

意识到这一点,加上我的执行力还算强,我就把在美国那段时期做的科普工作继续了下来。三年多的时间里,我已经在知乎积累了好几百篇高赞回答。科普写作和以往写教材、写学术论文不一样,我不用拘泥于知识体系的工整、文风用词的严谨,我可以把更多个性和创意加进去。那时候在看《权力的游戏》,我就把脊柱比作了城堡孤塔,肌肉、韧带是穿梭其间的"守卫",椎间盘是"宫廷贵族居住的卧室"。

加上手绘的形式，我一股脑地把我对脊柱的理解都呈现了出来。这些内容在知乎出版团队的帮助下，凝聚成了我的第一本科普书《我真的坐不住了》——300张手绘示意图，将近15万字。这本书于2020年9月出版后，受到了各方好评，收获了让人惊喜的销量，这也让我更有信心——原来，当自己把个性、能力、特质用擅长的图文方式表达出来，形成一个作品让人看到，是真的可以改变别人对医生的刻板印象的，原来这里也有"破圈"的路径。

这本书出版一年后，过了"老来得子"的喜悦期，我开始重新审视这本类似居家百科的科普书。我发现有的知识还是太碎片化，而且对于不学医的读者来说，充满专业术语的科普即使配上生动的手绘图，也还是高高在上的"掉书袋"，脱离了生活场景的烟火气，也失去了人文关怀的温暖。我想，还是要突破过去的自己，才能在"破圈"中收获成长。

于是，就有了这本新书——《有问题的姿势》。

在写这本书的时候，我真的发现，很多内容都在挑战我自己的知识框架，我一边写，一边思考：许多姿势的确可能会带来各种各样的疾病发生风险，但到底有多少风险，风险有多大，仍然还带有问号，且存在一长串的不确定性。

我们总说"抛开剂量谈毒性都是耍流氓"，而这个观点，放在姿势里也一样适用。抛开持续时间谈姿势，也在耍流氓！

举个例子，跑步时应该前脚掌着地还是脚后跟着地？这就带来了很多疑问。我自己就是马拉松爱好者，跑马拉松时，前脚掌着地的话，跑不久，因为小腿特别容易酸胀；脚后跟着地的话，跑起来可以更持久，但膝关节容易不舒服。我开始认真思考，并在这个过程中发现自己原来的知识还不够用。查了文献，发现相关研究几乎是空白的，于是我回到运动学和生物力学上，搭建了一个动作捕捉人工智能分析平台，对自己的跑步姿势做了定量分析，比较了两种着地姿势对肌肉负荷以及关节稳定性的影响。分析出来的结果，也解答了我自己心中的疑惑。

在以往的健康科普中，医生作为医学知识的掌握者，与大部分非医学专业的读者之间存在信息不对等的情况，容易造成高高在上的教条主义。然而知识不断被更新，医生也并不总是权威的，所以要感谢"杠精"的质疑和自己的钻研。只有自以为牢不可破的知识储备不断受到冲击，知识边界不断受到挑战，我在科普上的思考才能回归临床问题，我也才能找到更多科研选题。在知识边界的"破圈"过程中，我在持续进步和成长。

《有问题的姿势》相比于《我真的坐不住了》，读起来更轻盈，但全书所带来的思考却更厚重，这离不开出版社巧玲老师和刘雪老师一次次不厌其烦的沟通。我们耗费了大量的时间来找准选题，做出更有趣、更有温度的策划。专注于科普内容出版的专业团队对市场的反馈更加敏感，这恰恰是我不擅长的。无论是在诊室、讲堂，还是在实验室，我大部分时间都专注于自己，很少关心外界的反馈。而科普创作不一样，其内容需要在市场上接受读者的检验。读者花钱买了书，花时间看了内容，如果发现浪费了时间和金钱，没有得到想要的回答和方法，他们就会给你差评。然而，当他们觉得收获大于付出时，产生的影响力也是他们给予你的最好回馈。

一边是专心打磨好科普内容的科学性和实用性，一边是重视非医学读者阅读时的感受，在这一内一外两股压力的夹击下，30个姿势的写作，几乎每一篇都在把我推出"舒适圈"，让我不断把文稿拆碎重组，不断挖掘表达的潜力。感谢勔媛的助力，让我的"灵魂手绘"变得更加精美有趣。大家协同努力、精雕细琢，这本书才能既简洁明快，又富有学术思想内涵。这本科普书也在上一本的基础上实现了"破圈"。

感谢国医大师施杞教授为我审稿和作序。老师87岁高龄，迄今仍奋战在临床工作中，他的治学态度和为人处世方式深深影响着我。我多么希望，当我老了，也能像他这样，永远保持对新鲜事物的好奇和对知识发展的关注，不偏安一隅，不故步自封，博采众长，守正创新。

感谢我的博导王拥军教授为我审稿。王老师是中医药现代化研究领域的领军人物，他善于用现代化研究去阐释中医，并把研究中的发现转化为应用成果反哺临床，从而服务大众。"响鼓也需重锤敲"，老师平时对我格外严格，无论在临床还是科研工作中，都时时告诫我保持专注和持续努力。这几年我也咬紧牙关沉心做学问，不因一点儿小成绩而沾沾自喜，不因各种标签定义而迷失方向。

感谢上海长征医院陈华江教授为我审稿和作序。陈主任是享誉国际的脊柱外科专家，也是全国骨科科普领域的带头人。在他的指导下，我的科研和科普工作都在向着中西融通的目标不断努力。

感谢上海市体育科技项目（22Q003）以及国医大师传承工作室项目的资助。它们让我的科普内容得以触及社区和医疗一线，促进全民健身，让主动健康落实到每天的生活习惯中。

感谢我的医院同事和全国骨科同道们。优秀的医生们每天并肩作战，在竞争与合作中互相激励，用智慧和汗水一起守护着人民的健康。

感谢我的家人。无论我每天工作忙不忙，科研顺不顺利，科普做得有没有人看,你们都是我温暖的后盾。

感谢我的病人们,你们是我选题的源泉、临床工作的初心,这本书里有你们留在我回忆中的一言一行。相信这些有价值的思考,将提醒更多的人,帮助更多的人,惠及更多的人。

最后,也把这本书送给我刚出生的女儿,经历了"怀胎"十月的等待,更能体会呱呱落地的喜悦。

孙悦礼